Esteban Piñeiro
Isidor Wallimann

Sozialpolitik anders denken

: Haupt

Esteban Piñeiro
Isidor Wallimann

Sozialpolitik anders denken

Das Verursacherprinzip – von der umweltpolitischen zur sozialpolitischen Anwendung

Haupt Verlag
Bern • Stuttgart • Wien

Bibliografische Information der Deutschen Bibliothek

Die Deutsche Bibliothek verzeichnet diese Publikation in der Deutschen Nationalbibliografie; detaillierte bibliografische Daten sind im Internet über http://dnb.ddb.de abrufbar.

ISBN 3-258-06660-4

Alle Rechte vorbehalten
Copyright © 2004 by Haupt Berne
Gestaltung und Satz: Pool Design, Zürich; www.pooldesign.ch
Jede Art der Vervielfältigung ohne Genehmigung des Verlages ist unzulässig.
Printed in Switzerland

www.haupt.ch

Inhaltsverzeichnis

Verzeichnis der tabellarischen Darstellungen   8

Abkürzungsverzeichnis   9

Vorwort   11

I   Vom umweltpolitischen zum sozialpolitischen Verursacherprinzip

Einleitung   19

Das Verursacherprinzip in der Umweltpolitik   24
Umweltpolitik und Umweltschutz   24
Umweltschäden als negative Externalitäten und Sozialkosten   26
Das umweltpolitische Verursacherprinzip   28
Tabellarische Zusammenfassung   31

Was leistet das Verursacherprinzip in der Sozialpolitik?   35
Dimensionen   35
Verantwortung und Solidarität   40
Zielrichtungen   42
Tabellarische Übersicht   46
Macht und Verursacherprinzip   51

II Leitlinien zur Anwendung des sozialpolitischen Verursacherprinzips

Technische Aspekte zum sozialpolitischen Verursacherprinzip 55
Verursacher 58
Zumessung der Verantwortung 64
Varianten des sozialpolitischen Verursacherprinzips 69

Formen der Anwendung des sozialpolitischen Verursacherprinzips 71
Allgemeine Anwendungsformen 71
Verursacherprinzip als Korrektiv 73
Entwickeln neuer Verursacherprinzip-Instrumente 74
Mögliche Schwierigkeiten bei der Anwendung 80

III Ausgewählte Problemfelder

Kriterienraster zur Anwendung des Verursacherprinzips in ausgewählten sozialen Problemfeldern

Das Verursacherprinzip im Alkoholbereich 88
Problemstellung – Auswirkungen – Verursachung 88
Bisherige Reaktionsmuster 90
Negative Externalitäten und Sozialkosten 90
Zumessung der Verantwortung 92
Zielrichtungen des Verursacherprinzips im Alkoholbereich 96
Anwendung 97
Abschließende Betrachtungen 101

Das Verursacherprinzip im Arbeitslosenbereich 103
Problemstellung – Auswirkungen – Verursachung 103
Bisherige Reaktionsmuster 105
Negative Externalitäten und Sozialkosten 106
Bisherige Praxis der Zurechnung von Kosten und inhaltlich-konkreter Verantwortung 106
Zumessung der Verantwortung 107
Zielrichtungen des Verursacherprinzips im Arbeitslosenbereich 111
Anwendung 111
Abschließende Betrachtungen 114

Das Verursacherprinzip in weiteren Problemfeldern: punktuelle Betrachtungen
Das Verursacherprinzip im Bereich Invalidität   115
Das Verursacherprinzip im Bereich Alter   118

Schlussbetrachtung   121

Anmerkungen   124

Literaturverzeichnis   136

Quellenverzeichnis   140

Anhang: Tabellarische Gesamtübersicht zum umwelt- und sozialpolitischen Verursacherprinzip   141

Verzeichnis der tabellarischen Darstellungen

Darstellung 1	Grundlagen zum Verursacherprinzip im Umweltbereich	31
Darstellung 2	Das umweltpolitische Verursacherprinzip	33
Darstellung 3	Negative Externalitäten und Sozialkosten im Sozialbereich	46
Darstellung 4	Implikationen des sozialpolitischen Verursacherprinzips	47
Darstellung 5	Spektrum & Profil des sozialpolitischen Verursacherprinzips	49
Darstellung 6	Macht und Verursacherprinzip	52
Darstellung 7	Potenzieller oder tatsächlicher Schaden	57
Darstellung 8	Drei grundlegende Verursachertypen	60
Darstellung 9	Verursacher im politischen System auf Ebene der gesellschaftlichen Rahmenbedingungen/Gesellschaftsordnung: Politische Exekutive und Legislative	62
Darstellung 10	Verantwortung als Folge	65
Darstellung 11	Verantwortung als Grund	66
Darstellung 12	Zumessung der Verantwortung – Gesamtübersicht	67
Darstellung 13	Kategorisierung sozialpolitischer Varianten, Strategien und Maßnahmen	72
Darstellung 14	Leitlinien zur Anwendung des sozialpolitischen Verursacherprinzips	78
Darstellung 15	Kriterienraster zur Anwendung des sozialpolitischen Verursacherprinzips	86
Darstellung 16	Ursachen für Alkoholprobleme auf individueller und struktureller Ebene	89
Darstellung 17	Tatsächliche und Unklare Verursacher	94
Darstellung 18	Ursachen der Arbeitslosigkeit auf individueller und struktureller Ebene	104
Darstellung 19	Tatsächliche und unklare Verursacher	109
Darstellung 20	Tabellarische Gesamtübersicht zum umwelt- und sozialpolitischen Verursacherprinzip	141

Abkürzungsverzeichnis

VP	Verursacherprinzip
uVP	umweltpolitisches Verursacherprinzip
soVP	sozialpolitisches Verursacherprinzip
AHV	Alters- und Hinterlassenenversicherung
ALV	Arbeitslosenversicherung
EAV	Eidgenössische Alkoholverwaltung
EL	Ergänzungsleistungen
GAV	Gesamtarbeitsvertrag
GLP	Gemeinlastprinzip
IV	Invalidenversicherung
KV	Krankenversicherung
RAV	Regionale Arbeitsvermittlung
SUVA	Schweizerische Unfallversicherungsgesellschaft
UV	Unfallversicherung

Vorwort

Noch wird die Sozialpolitik mit wenigen Ausnahmen nach dem *Gemeinlastprinzip* gestaltet. Inzwischen gibt es jedoch Anzeichen, die auf eine Veränderung hindeuten – wenn etwa in den USA Zigarettenhersteller durch Gerichte gezwungen werden, erkrankte RaucherInnen finanziell zu entschädigen oder Beiträge an die durch das Rauchen entstandenen medizinischen Kosten zu leisten. Oder wenn zur Debatte steht, ob nicht Übergewichtige oder Menschen mit «ungesundem» Lebensstil höhere Krankenkassenprämien bezahlen müssten oder ob nicht für gewisse Produkte ein Werbeverbot zu erlassen sei. Andere Beispiele ließen sich anführen.

Bei dieser Abkehr vom Gemeinlastprinzip handelt es sich indessen bloß um erste «Versuche»; von einem etablierten Trend hin zum *Verursacherprinzip* kann keine Rede sein. Auch sind diese Versuche und Maßnahmen nicht in einen ernsthaften Diskurs um das Verursacherprinzip eingebettet – es gibt diesen Diskurs für die Sozialpolitik vorerst noch nicht.

Dass ein solcher Diskurs nicht schon vor Jahren eingeleitet wurde, erstaunt eigentlich. Denn im Sog der ökologischen Bewegung hat man im *Umweltbereich* von der Formel, Belastungen und Schäden (externe Effekte) seien der Allgemeinheit zu überlassen, längst Abstand genommen. Seit mehr als dreißig Jahren wird in der Umweltökonomie der Austausch mit der Natur daraufhin untersucht, welche ökonomisch relevanten Akteure wo, wann und in welchem Ausmaß die Naturumwelt und die darin lebenden Menschen belasten oder schädigen. Erfolgreiche Analysen dieser Art haben viel Aufmerksamkeit auf sich gezogen, und es steht heute eine Vielfalt von *policy instruments* zur

Verfügung, die eine Korrektur in Richtung nachhaltiges Wirtschaften bewirken sollen. Analog haben die Rechtswissenschaften juristische Regeln aufgestellt oder verfeinert, um neue Instrumente im rechtlich abgesicherten Rahmen anwenden zu können. Die Umweltbiologie hilft seit vielen Jahren mit, unseren ökonomischen Austausch mit der Natur in seiner Einwirkung auf die Biosphäre detailliert aufzuzeichnen. Dies wiederum unterstützt Ökonomen und Juristen beim Erarbeiten von Techniken und Regeln der Intervention. Ähnliche Impulse kommen aus anderen Natur-, Ingenieur- und Sozialwissenschaften.

Warum aber gibt es den offenen Diskurs um Verursachung und Intervention nach dem Verursacherprinzip in der *Sozialpolitik* noch nicht? Diese Frage kann hier nicht ausführlich behandelt werden. Folgende Feststellungen dürften dazu aber nützlich sein:

Erstens fehlt der Sozialpolitik in letzter Zeit die Kraft einer sozialen Bewegung ähnlich der Umweltbewegung. Die Ausgestaltung der heutigen Sozialpolitik ist weitgehend den «alten» sozialen Bewegungen zuzuschreiben (Arbeiterbewegung, Stimm- und Wahlrechtsbewegung), die aber heute allesamt an Gewicht verloren haben.

Zweitens scheint es politisch leichter zu fallen, die Natur (und unseren Austausch mit ihr) als Objekt der Analyse zu betrachten als die Gesellschaft, zumal «die Natur» in unserem Handeln, Bewusstsein und in unserer Kultur (irrtümlicherweise) meist als etwas begriffen wird, was außerhalb von uns liegt und uns ferner ist als «die Gesellschaft». Menschen sollen «die Natur» bändigen, beherrschen, nutzen und ausbeuten, nicht «die Menschen». Letzteres findet zwar genauso statt, wird aber innerhalb der Dichotomie Natur/Gesellschaft tabuisiert. Dies, obwohl sehr oft zu beobachten ist, dass der schädliche Austausch mit der Natur seinen Ursprung in der schädlichen Nutzung und Ausbeutung von Menschen durch Menschen hat (z.B. Abholzung von Waldgebieten, Übernutzung von Graslandschaften usw.).

Drittens ist es in Konsensgesellschaften und in Gesellschaften mit nationalistischem Überbau und einem (erpresserischen) betriebs- und volkswirtschaftlichen Verständnis im Stile von «Wir sind alle in einem Boot» und «What is good for *General Motors,* is good for the Nation» tabu oder gar Ketzerei, bei gesellschaftlichen Problemen nach Verursachung und Verursachern zu fragen. Dies selbst bei den Sozial- und Wirtschaftswissenschaftlern, die von Berufs wegen darauf spezialisiert sind, sich «die Gesellschaft» als Objekt der Analyse vorzunehmen.

Viertens scheint die Frage um die Verursachung von sozialen Problemen dadurch verdrängt zu werden, dass bei der Finanzierung nach Gemeinlastprinzip verschiedene Interessengruppen politisch gegeneinander ausgespielt werden und so der «Schauplatz» der Problemartikulation vom Diskurs um die Verursachung entrückt wird.

Natürlich können wir nicht davon ausgehen, dass alle sozialen Probleme einer Analyse und Intervention nach der Logik des Verursacherprinzips zugänglich sind. Obwohl jedes Problem irgendwie verursacht wird, ist es unter Umständen nicht möglich, verursachende Akteure klar zu identifizieren oder ihren Beitrag zum Problem zu quantifizieren. Gerade hier sind die Sozial- und Wirtschaftswissenschaften gefordert. Ähnlich wie der Umweltbiologie in Bezug auf ökologische Fragen fällt ihnen bei sozialen Problemen die Rolle zu, empirisch Ursache-Wirkung-Relationen nachzuzeichnen.

Es ist wahr, die heute praktizierte Sozialpolitik nach dem Gemeinlastprinzip hat von gewissen Mustern des Verursacherdenkens weggeführt. Sie hat aber dazu beigetragen, soziale Probleme als *strukturell* bedingte Phänomene zu betrachten und zu akzeptieren. Im Zusammenhang mit der Anwendung von neuen Strategien (z.B. Sozialversicherung) beim Management von sozialen Konflikten und Problemen kann eine deutliche Abschwächung des *Blaming-the-victim*-Prinzips beobachtet werden. Opfer von Betriebsunfällen, Arbeitslosigkeit und Armut etwa werden heute weniger oft und weniger intensiv für «ihr Problem» persönlich verantwortlich gemacht.

Mit diesem Buch verfolgen wir nun nicht etwa die Absicht, das Verursacherprinzip nach dem alten Muster des *blaming the victim* zu revitalisieren. Auch sollen die von sozialen Problemen betroffenen Menschen nicht pauschal belastet und beschuldigt werden. Dadurch würde sich ihre Situation nur verschlechtern, wodurch zusätzliche soziale und finanzielle Belastungen geschaffen würden. Zugleich wäre es aber auch falsch, zu unterstellen, Menschen könnten nicht persönlich eigene Probleme verschulden oder mitverschulden. Damit würde man nur ein weiteres Tabu schaffen und gewisse Realitäten ausblenden.

Klar ist, dass dieses Buch in einer Denktradition steht, nach der die von sozialen Problemen betroffenen Menschen für ihre Situation nicht (oder nicht in erster Linie) als Individuen verantwortlich gemacht werden können. Innerhalb dieser Tradition ist aber die Frage, inwiefern Akteure strukturell «gezwungen» oder «eingeladen» werden, soziale Probleme zu verursachen und dabei anderen Schaden zuzufügen, dringend noch eingehender zu diskutieren. Gleichermaßen zwingt sich (wie bei Umweltproblemen) die Frage auf, mit welchen Maßnahmen strukturelle Rahmenbedingungen zu erarbeiten sind, um soziale Nachhaltigkeit herbeizuführen.

Wie bereits erwähnt, ist es nicht bei allen sozialen Problemen mit gleicher Deutlichkeit möglich, Verursacher zu bestimmen und eine Sozialpolitik danach zu gestalten. Kommt hinzu, dass die Sozialpolitik teilweise gar nicht nach der Logik des Verursacherprinzips strukturiert werden *kann*, selbst wenn Akteure als Verursacher deutlich festgestellt werden sollten. Zu erwähnen ist auch, dass (wie in der Umweltpolitik) die von Interessen gelenkte Politik selbst bei idealen Voraussetzungen verhindern kann, dass die Sozialpolitik nach der Logik des Verursacherprinzips konfiguriert wird.

In diesem Buch behandeln wir lediglich eine Auswahl von sozialen Problemen und die darauf fokussierte Sozialpolitik. Es werden dabei Bereiche beleuchtet, die sich relativ leicht nach der Logik des Verursacherprinzips analysieren lassen, und andere, die sich dieser Logik zum Teil verschließen. Gleichzeitig wird von Fall zu Fall auch das nach der Verursacherlogik mögliche Spektrum von Maßnahmen präsentiert, durch welche die Sozialpolitik von der Logik des Gemeinlastprinzips zu der des Verursacherprinzips umgestaltet werden könnte. Insgesamt ist die Zielsetzung, die Lasten der «Sozialkosten» nicht von der Allgemeinheit, sondern möglichst weitgehend von den Verursachern finanzieren zu lassen.

Eine Rückkoppelung der Kosten, die durch soziale Probleme verursacht werden, an die Verursacher ist nicht nur unter dem Aspekt der Verantwortung und Gerechtigkeit zu betrachten, wonach Täter (Verursacher) für den Opfern zugefügten Schaden zur Rechenschaft gezogen oder daran gehindert werden sollen, Schaden zuzufügen. Von ebenso großer Bedeutung scheint uns die Frage nach der *Effizienz* der Sozialpolitik zu sein. Denn wie die Umweltverschmutzung führt die «Verschmutzung» der Gesellschaft mit sozialen Problemen zu einer Verschwendung von Ressourcen, wenn die Allgemeinheit anstelle der Verursacher die Kosten zur Verhütung, Behebung oder Minderung von sozialen Problemen zu tragen hat.

In Zeiten, in denen die Wirtschaft nur ein geringes oder gar ein negatives Wachstum aufweist, ist es besonders geboten, mit den gegebenen Ressourcen ein Maximum an Wohlfahrt anzustreben und sich möglichst von der verschwenderisch angelegten Sozialpolitik nach dem Gemeinlastprinzip zu verabschieden. Es mag sein, dass eine Finanzierung nach dem Gemeinlastprinzip der einzige politisch gangbare Weg gewesen ist, um in der Gesellschaft die Erkenntnis zu institutionalisieren, dass soziale Probleme Ausdruck struktureller Gegebenheiten sind und dass dafür in erster Linie nicht die Betroffenen die Verantwortung tragen sollen. Diese Institutionalisierung ist aber überall eng verknüpft mit der Zeit nach dem Zweiten Weltkrieg, in der alle Industrieländer während etwa zwanzig Jahren ein historisch einmaliges Wirtschaftswachstum erlebten. Dass unter diesen Umständen der verschwenderisch strukturierte Ausbau der Sozialpolitik weniger Fragen aufwarf, ist nachvollziehbar. Denn wegen des Wirtschaftswachstums waren trotzdem alle von Jahr zu Jahr etwas besser gestellt. Anders heute, wenn die Sozialpolitik bei viel geringerem Wachstum ein höheres Volumen an Sozialproblem-Kosten zu «bewältigen» hat und die Bevölkerung mit Einkommensschwund und Abwärtsmobilität konfrontiert ist.

Auf solche Engpässe wird heute mit Sparen reagiert statt mit einer effizienteren Sozialpolitik nach dem Verursacherprinzip. Zugegeben, Sparen bei einer auf Verschwendung angelegten, nach Gemeinlastprinzip finanzierten Sozialpolitik hat auch seine «Vorteile». Es bewirkt, dass die Bevölkerung, die sich die Lasten teilt, mehrfach in konkurrierende Gruppierungen aufgeteilt wird: Menschen mit bescheidenen Mitteln gegen Arme, Junge gegen Alte, Einheimische gegen AusländerInnen, Beschäftigte gegen Arbeitslose, Männer gegen Frauen, Steuerzahler gegen Steuerzahler. Spaltung, Entsolidarisierung, verschobener Diskurs, verschobene Problemartikulation mittels Gemeinlastprinzip anstatt Solidarität durch Übernahme von Verantwortung mittels Verursacherprinzip. Warum denn nicht, die Allgemeinheit bezahlt ja – und die durch soziale Probleme Geschädigten auch.

In diesem Buch geht es darum, ein philosophisch, juristisch und ökonomisch gut etabliertes Prinzip aus dem umwelt- in den sozialpolitischen Bereich zu übertragen. In der Theorie knüpfen wir also an eine bereits bestehende, langjährige Tradition an, um daraus neue Denkanstöße für die Sozialpolitik zu gewinnen. Was die praktische Anwendung auf Problemfelder angeht, mussten wir auf viele Beispiele verzichten. Eine über die gesamte Sozialpolitik hinweg angelegte Analyse bleibt also noch zu leisten. Doch der hier vorgelegte Anfang dürfte schon genügend Anlass zu Diskussion und Differenzierung geben.

Teil 1 führt zuerst in die Prämissen des Verursacherprinzips (VP) ein und stellt den Bezug zur Umweltpolitik und zum umweltpolitischen Verursacherprinzip (uVP) her. Danach zeigen wir den Bezug zur Sozialpolitik auf und weisen auf die Zielrichtungen des sozialpolitischen Verursacherprinzips (soVP) hin. Diese wiederum orientieren sich an den zuvor betrachteten umweltpolitischen Grundlagen.

Teil 2 handelt von der theoretischen Konstruktion des Verursacherprinzips (VP). Es werden die Bausteine des sozialpolitischen Verursacherprinzips (soVP) herausgearbeitet, um danach die wesentlichen Aspekte zur praktischen

Anwendung des VP zu entwickeln. Punktuell wird auf die Umweltpolitik zurückverwiesen, um Parallelen zwischen dem uVP und dem soVP aufzuzeigen.

Teil 3 erprobt die praktische Anwendbarkeit des soVP in ausgewählten Problemfeldern. Näher betrachtet werden der Alkohol- und Arbeitslosenbereich. Als Grundlage dient ein zuvor entwickelter Raster von Kriterien. Eine knappe, anwendungsorientierte Betrachtung gilt dann den Bereichen Invalidität und Gebrechen im Alter. Da und dort wird auf Instrumente hingewiesen, die für die Umgestaltung der Finanzierung vom Gemeinlast- zum Verursacherprinzip in Frage kommen könnten.

Abschließend wird eine Verdichtung der Erkenntnisse aus der VP-Diskussion tabellarisch präsentiert, aber auch in den einzelnen Kapiteln werden viele analytische Einzelschritte mit theoretischem Bezug und mit Bezug auf den Anwendungsraster tabellarisch dargestellt. So ist dieser übersichtlich gestaltete Text für alle geeignet, die sich für die Umwelt- und Sozialpolitik interessieren.

I   Vom umweltpolitischen zum sozialpolitischen Verursacherprinzip

Einleitung

Die heutigen Konstrukte der Sozialpolitik[1] stehen vor großen Herausforderungen. Auf diesem Hintergrund wird die Frage nach den Verursachern sozialer Probleme und der damit verbundenen Kosten an Bedeutung gewinnen.[2] Wurden bisher die Aufgaben und damit die Finanzierung der professionellen Verminderung, Vermeidung und Behandlung sozialer Problemlagen hauptsächlich dem Sozialstaat übertragen, rückt zunehmend auch die Frage der *Eigenverantwortung* der eigentlichen Problembeteiligten wieder in den Vordergrund. Auch das Verursacherprinzip (VP) stellt die Verantwortung für soziale Probleme und ihre Folgen ins Zentrum, einschließlich der Auseinandersetzung um die Kostenbelastung für sozialstaatliche (Dienst-)Leistungen.

Diese Auseinandersetzung um die Verursacherfrage ist nicht neu. Diskutiert wird z.B. die Kürzung von Leistungen aufgrund «grober Fahrlässigkeit» oder im Sinne eines «Rückgriffs auf Dritte», so etwa bei Familienangehörigen.[3] Im politischen Geschehen nehmen solche Fragen jedoch noch keinen zentralen Platz ein. Für das VP stehen nicht die *Betroffenheit* von sozialen Problemen und die *Adressaten* sozialer Leistungen im Zentrum, sondern die *Verursachung*, die Inkaufnahme eines außerordentlichen Risikos mit sozial schädlicher Wirkung.

In der Umweltpolitik finden wir, im Gegensatz zur Sozialpolitik, schon eine gut entwickelte Theorie und Rechtsprechung zum VP vor. Wäre es denkbar, auch Verursacher *sozialer Probleme* zu verpflichten, entsprechend finanziellen Ausgleich zu schaffen? Etwa indem sie für die aus sozialen Problemen entstandenen «Schadens- und Instandstellungskosten» aufkommen müssten? Oder wäre es denkbar, dass potenzielle Verursacher sozialer Probleme zu vorsorglichen Maßnahmen verpflichtet würden, um ein soziales Risiko oder Problem zu vermeiden oder zu vermindern? Zieht man Erfahrungen aus dem Umweltbereich heran, so erscheint eine Bejahung der Frage nachvollziehbar und plausibel. Mehr noch: Im Umweltbereich gilt die Rückbindung der entstandenen Sozialkosten an Verursacher heute als *zentrales* umweltpolitisches Prinzip; Umweltschutzmaßnahmen werden sogar *gezielt* im Hinblick auf die Verursacher von Umweltproblemen konzipiert. Es lässt sich daher schwer nachvollziehen, weshalb die verursacherorientierte Betrachtungsweise im sozialpolitischen Kontext bisher vernachlässigt wurde.

Es stellt sich nun die Frage, ob und wie Theorie und Praxis des uVP in den sozialpolitischen Bereich «umgegossen», entsprechend adaptiert werden können. Versucht man das uVP auf *die Sozialpolitik* anzuwenden, so werden verschiedene Fragen und Anliegen tangiert. Wie den folgenden umweltpolitischen Ausführungen zu entnehmen ist, befindet sich das VP thematisch in einem politischen, ökonomischen, ethischen und juristischen Spannungsfeld. Ein Transfer des uVP in die Sozialpolitik setzt die Betrachtung komplexer Zusammenhänge voraus. Hier vermitteln Theorie und Praxis aus dem Umweltbereich wegweisende Richtlinien.

Herausforderung für die heutigen Konstrukte der Sozialpolitik

Über Belastungen, Grenzen, ja sogar das Ende des Sozialstaates ist in den letzten Jahren viel geschrieben und öffentlich debattiert worden. Die Auseinandersetzungen scheinen mehrheitlich von Pessimismus geprägt zu sein. Der aktuelle sozialpolitische Diskurs wird von einer anhaltenden Auseinandersetzung um die Finanzierungsprobleme bei stetig wachsendem Bedarf an Sozialleistungen dominiert.[4] Bürgerliche Parteien und Wirtschafts- bzw. Gewerbekreise betonen die Grenzen des Sozialstaates. Der finanzielle Aufwand für Sozialleistungen sei nicht mehr tragbar. In der Tat wird heute jeder vierte erwirtschaftete Franken für Sozialleistungen aufgewendet.[5] STREMLOW/FLUDER[6] halten fest, die Finanzkrise der öffentlichen Haushalte gebe neoliberalen Tendenzen Auftrieb, womit gleichzeitig die Forderung nach einer Eindämmung sozialstaatlicher Aktivitäten einhergehe. Dann sind auch Stimmen zu vernehmen, die die von konservativen Kreisen erhobene Kritik an einem «übermarchenden Sozialstaat» bekräftigen.[7] IMMERFALL[8] ist der Ansicht, die Linke habe ihren Standpunkt modifiziert: Auch sie vertrete heute die Meinung, dass der steuer- und abgabenfinanzierte Sozialstaat an seine Grenzen gestoßen und ein Ausbau nur über wirtschaftliches Wachstum möglich sei. Die Angriffe auf den Sozialstaat scheinen zunehmend härter zu werden.[9] Gleichzeitig gibt es den Standpunkt, die ökologischen Herausforderungen würden erst recht «neue» Konfliktfelder eröffnen, durch welche die Sozialpolitik in Ergänzung zur wirtschaftlichen Diskussion herausgefordert werde.[10] Ferner gibt es Entwicklungen, etwa der teilweise drastische soziale und wirtschaftliche Wandel, die keine Abnahme der Nachfrage nach sozialstaatlichen Leistungen erwarten lassen.[11] Im Gegenteil: Das Bedürfnis nach sozialen Versicherungs- und Dienstleistungen dürfte, aufgrund heutiger gesellschaftlicher Anzeichen zu urteilen, eher noch zunehmen. Hierzu meinen STREMLOW/FLUDER,[12] ökonomische Entwicklungen führten zu einer markanten Zunahme von Armut. ELSEN[13] vertritt die These, neuere ökonomische Entwicklungen würden Menschen weltweit mehr (sozialen) Risiken aussetzen. Auch KNÖPFEL[14] ortet einen anhaltenden Strukturwandel, der mit einer Zunahme der Ungleichheiten auf dem Arbeitsmarkt einhergehe. Stichworte dazu wären Betriebsschließungen, Fusionen, Auslagerungen von Betriebsbereichen und Arbeitslosigkeit.[15]

Veränderte Lebensformen schaffen neuartige Bedürfnisse und soziale Risiken, die von der Sozialpolitik bisher nur ungenügend nachvollzogen wurden. Mit der Pluralisierung der Lebensformen verändern sich traditionelle Beziehungsnetze.[16] FÜGLISTALER-WASMER/PEDERGNANA-FEHR[17] sind der Ansicht, dass die Erosion der Familien- und Haushaltsstruktur, die u. a. von einer erhöhten Mobilität beeinflusst werde, zu einer Verminderung des Potenzials von Familienangehörigen führe, auf freiwilliger Basis und ohne Entschädigung etwa die Pflege von Verwandten zu übernehmen.

Die genannten gesellschaftlichen Entwicklungen, etwa die Globalisierung der Märkte und Formen des sozialen Wandels, schmälern und gefährden den überaus bedeutsamen «gesellschaftlichen Kitt» – die sozialstaatliche Solidarität.[18] «Hedonistische Tendenzen», soziale und ökonomische Entbettungsmechanismen enthalten ein beträchtliches Bedrohungspotenzial, weil damit gesellschaftliche Solidarität unterhöhlt wird.[19] Könnten diese Spannungsgegensätze zu einer weiteren Gefährdung oder Abnahme sozialstaatlicher Solidarität führen? Es gibt Anzeichen, die darauf hindeuten, dass die fiskalische und erst recht die versicherungstechnische Einkommensverteilung an (interessenpolitische) Grenzen gestoßen ist. Diese Situation wird durch ein Stagnieren des wirtschaftlichen Wachstums noch zusätzlich verschärft.[20]

Sozialpolitische Probleme können nur angegangen werden, wenn *sozialstaatliche Solidarität*, die als ethisches Fundament Wesentliches zur Erhaltung und Stärkung der *sozialen Sicherheit*[21] beiträgt, aufrechterhalten wird. Verantwortung und Solidarität sind ethische und politische Prinzipien, auf denen unsere Sozialpolitik beruht. TSCHUDI meint: «Jedermann ist mitverantwortlich für seinen Nächsten sowie für die Gemeinschaft; diese trägt ihrerseits Verantwortung für alle Glieder. Die Bevölkerungsschichten, Regionen, Generationen usw. müssen sich solidarisch erweisen, so dass ein geeintes Volk die schwierigen Aufgaben der Gegenwart und der Zukunft meistern kann.»[22] Und BLASCHE betont: «Geübte Solidarität ist gemeinschaftsbezogene Eigenverantwortlichkeit.»[23] Im Sinne von Eigenverantwortlichkeit müsse vom Einzelnen verlangt werden, dass er auf Verhaltensweisen verzichtet, die rechtlich zwar zugelassen, aber ethisch nicht zu rechtfertigen seien, weil sie die Allgemeinheit belasteten. Auf diesem Hintergrund hat jeder Einzelne und jede Organisation die Pflicht, alle Möglichkeiten auszuschöpfen, um die Entstehung von sozialen Problemen zu verhindern. Ob der Appell an das Verantwortungsbewusstsein des Einzelnen genügt, muss mit Blick auf den Umweltbereich mit Skepsis betrachtet werden.[24] Wir gehen jedenfalls davon aus, dass die erwähnte Entbettungs- und Entsolidarisierungsdynamik einer verstärkten Einbindung in die Verantwortung durch bewusste Steuerung bedarf.

Angesichts der scheinbar angespannten sozialpolitischen Lage müssen neue Wege gefunden werden. Das VP kann dabei als eine «Formel» betrachtet werden, die es erlaubt, Solidarität zwischen Alt und Jung, Arm und Reich, Krank und Gesund zu verstärken. Auf der Basis sozialer Gerechtigkeit strebt das VP ein «gerechtes Gleichgewicht» zwischen Geben und Nehmen, Rechten und Pflichten an. Sozialstaatliche Solidarität soll dadurch gestärkt werden, dass Verursacher wenn immer möglich eigenverantwortlich handeln. Es stellt sich die Frage, welche Lasten der Solidargemeinschaft aufgebürdet werden dürfen und welche eigenverantwortlich getragen werden müssen. BLASCHE[25] weist darauf hin, dass monetäre und personenbezogene Sicherungsleistungen des Staates stets daraufhin geprüft werden sollten, «ob sie zu einem eigenverantwortlichen Handeln führen», dies, obwohl er glaubt, die Internalisierung von Eigenverantwortlichkeit könne durch politische Maßnahmen nur begrenzt erzeugt werden[26] – traditionsbedingte Werte ließen sich nicht politisch erzeugen. Umweltschutzmaßnahmen zeigen jedoch, dass die Internalisierung von Kosten mittels politischer Rahmenbedingungen zu einer Sensibilisierung der Verbraucher und Verschmutzer natürlicher Ressourcen führt.

Korrektiv mittels Verursacherprinzip

In der Sozialpolitik müssen wir davon ausgehen, dass die persönlichen und politischen Spielräume zur Problemvorsorge und (sozial-)gerechten Lastenverteilung längst nicht ausgeschöpft sind. Es ist zu prüfen, inwieweit zusätzlich verursacherorientierte Beiträge geleistet werden müssen, nicht zuletzt zur Sicherung der sozialstaatlichen Solidarität. Dabei sind folgende Fragen relevant:

— Wie kann mittels VP ein gerechter Lastenausgleich zwischen Verursachern sozialer Probleme und dem Sozialstaat geschaffen werden?
— Wie können Anreize zur Vorsorge geschaffen werden, damit weniger oder keine sozialen Probleme verursacht werden?
— Welche Handlungsprinzipien und theoretischen Ansätze zum VP lassen sich dazu aus der Umweltpolitik in die Sozialpolitik transferieren?
— Wie könnte die Konstruktion eines sozialpolitischen Verursacherprinzips (soVP) aussehen?
— Wie ist die (praktische) Anwendung bzw. die Anwendung des VP auf soziale Probleme möglich?

Das Verursacherprinzip in der Umweltpolitik

Umweltpolitik und Umweltschutz

Worin das ökologische Problem besteht, scheint im Diskurs nicht immer klar zu sein. Allgemeine Bezeichnungen wie «Zerstörung der Natur» oder «eine Störung der Stellung des Menschen in der Lebenswelt» vermögen dazu keine präzisen Angaben zu machen.[27] Umstritten ist auch, ob die Natur sich selbst zerstören kann – beispielsweise indem sie in Eigendynamik zu hohe oder zu tiefe Temperaturen produziert – und inwiefern der Mensch zur Natur «gehört». Können Mensch und Natur strikte voneinander getrennt werden? Für RUH lässt sich das ökologische Problem definieren, indem nach den *außerordentlichen Einwirkungen* auf natürliche Systeme gefragt wird.[28] Als Akteur außerordentlicher Einwirkungen kommt für RUH nur der Mensch in Frage: «Das ökologische Problem besteht – allgemein ausgedrückt – in den vom Menschen getätigten, außerordentlichen, mit schwer wiegenden Folgen behafteten Einwirkungen auf die Natur, die von Betroffenen als nicht akzeptabel und unerträglich wahrgenommen werden.»[29] RUH spricht von Beeinträchtigungen der Lebensqualität und der Gefährdung der Lebensgrundlagen heutiger und künftiger Generationen und nichtmenschlicher Arten.[30] Alle anderen Einwirkungen versteht er als natürlich. Zu den außerordentlichen Einwirkungen müssen auch Manipulationen der Natur gezählt werden, die zu einer «Naturverformung» führen, welche die Überlebenschancen der Lebewesen gefährdet. Hierbei handelt es sich um Veränderungen der Biosphäre[31] bzw. Einwirkungen auf die Ökosysteme.[32] Zur «Naturverformung» gehört auch die Beeinträchtigung der Regenerierungsfähigkeit der Natur, beispielsweise hinsichtlich der natürlichen Verwertung oder Verarbeitung von menschlich produziertem Abfall.[33] Diese Einwirkungen und Veränderungen werden oft nicht als solche und deshalb zu spät erkannt.[34]

Somit lassen sich menschlich verursachte Umweltschäden grundsätzlich unterscheiden in:

— Umweltschäden durch menschlich verursachte Verschmutzung/Beeinträchtigung und
— Umweltschäden durch Einwirkung auf die Ökosysteme/Biosphäre, die zu einer Naturverformung führen können.

FREY[35] bezeichnet das Umweltproblem in den hoch industrialisierten Ländern als eines der größten Probleme überhaupt. Um das Ausmaß der durch den Menschen verursachten Umweltprobleme möglichst zu begrenzen, wurden verschiedene Strategien und Maßnahmen entwickelt. Diese werden unter dem Begriff *Umweltschutz* subsumiert. Aufgrund der zu erwartenden Bevölkerungszunahme und der zunehmenden Industrialisierung weltweit wird der Stellenwert des Umweltschutzes an Bedeutung gewinnen.[36] Umweltschutz ist die politische Reaktion auf die wachsenden Umweltprobleme und in diesem Sinne *Umweltpolitik*.

Letztere umfasst nach TISCHLER[37] alle staatlichen Maßnahmen, die zur Bewahrung der natürlichen Lebenssysteme und zur Beseitigung von Umweltschäden beitragen. Es sind die Maßnahmen, die geeignet sind, die natürlichen Existenzgrundlagen von Pflanzen, Tieren und Menschen zu erhalten oder Umweltschäden wieder zu beseitigen. Umweltschutz ist somit ein zentrales Anliegen der Umweltpolitik und bildet eine wichtige Staatsaufgabe. Grundlegend ist dabei nach TISCHLER[38] der Schutz der Umweltmedien Boden, Luft und Wasser. Er präzisiert die Maßnahmen des Umweltschutzes als solche, die nötig werden, wenn Menschen durch ihre wirtschaftliche Tätigkeit in die Naturabläufe eingreifen, diese verändern und dadurch schließlich ihre eigene Existenz gefährden. Als konkrete Aufgabe des Umweltschutzes wird etwa die Begrenzung der Umweltbelastungen auf ein tragbares Ausmaß genannt. Damit sollen Umweltschäden für Gegenwart und Zukunft vermieden werden. Grundsätzlich können im Umweltschutz zwei Varianten unterschieden werden:[39]

— *der vorsorgende Umweltschutz* – darunter versteht man:
    a) die Entwicklung umweltfreundlicher Techniken im Sinne einer ökologischen Modernisierung;

b) das Herbeiführen von Strukturveränderungen (z.B. Verlagerung von Güterverkehr auf die Schiene).
Dieser Ansatz betont die *präventive Funktion* des Umweltschutzes. Demnach soll künftigen Umweltbelastungen vorgebeugt werden, was auch eine repressive Komponente enthalten kann.[40]

— *der nachsorgende Umweltschutz* – darunter versteht man:
a) Reparaturmaßnahmen und Kompensation von Umweltschäden (im Fall von «Verkehrslärm» etwa durch Ausbau medizinischer oder psychologischer Dienstleistungen für betroffene Lärmopfer);
b) Entsorgungsmaßnahmen.
Nach diesem Ansatz sollen bereits eingetretene Schäden beseitigt werden. Man spricht auch von einer reparativ-wiederherstellenden Funktion des Umweltschutzes.[41]

Eines der zentralen umweltpolitischen Ziele wird mit dem Konzept der «ökologischen Nachhaltigkeit» oder «nachhaltigen Entwicklung» umschrieben. Ökologische Nachhaltigkeit verfolgt das Ziel, natürliche Ressourcen und Rohstoffe zu schützen, die von Menschen für ihre Bedürfnisse und ihr Wohlergehen benötigt werden. Dabei werden auch die Bedürfnisse der folgenden Generationen berücksichtigt. Der Mensch soll lernen, mit natürlichen (physischen) Begrenzungen zu leben. Dies bedeutet, dass Emissionen innerhalb der Aufnahmekapazität der Biosphäre liegen müssen, damit diese nicht nachhaltig beschädigt wird und natürliche Ressourcen möglichst nicht über ihre Regenerierungsfähigkeit hinaus genutzt werden.[42] Das VP gilt als wichtiges Instrument dazu. Die Zurechnung der Sozialkosten an Verursacher soll dazu führen, dass die Preise für natürliche Ressourcen wie Rohstoffe, Wasser usw. die *ökologische Wahrheit* ausdrücken und entsprechend verteuert werden. Und im Sinne eines nachhaltigen wirtschaftlichen Wachstums sollen so auch natürliche Ressourcen effizienter genutzt werden.[43]

Umweltschäden als negative Externalitäten und Sozialkosten

Umweltprobleme, die nicht von den Verursachern verantwortet werden und infolgedessen bei der öffentlichen Hand oder bei Dritten anfallen, werden *negative externalisierte Effekte* genannt.

Aus volkswirtschaftlicher Sicht handelt es sich dabei um *unerwünschte Effekte aus Produktion und Konsum*. TISCHLER führt folgende Beispiele an:

— «Folgen von Luftverschmutzung durch die Kraftwerke,
— Lärm- und Abgasschäden durch den Automobilverkehr, Trinkwasserbeeinträchtigungen durch die Landwirtschaft,
— Verschmutzungen der Gewässer durch Schadstoffeinleitungen,
— Folgeschäden durch Massentourismus u. v. m.».[45]

Externe Effekte können auch in Form von Geldeinheiten ausgedrückt und als *soziale (Zusatz-)Kosten* oder *Sozialkosten* bezeichnet werden. Solche Kosten entstehen dadurch, dass Wirtschaftssubjekte ihre ökonomische Lage verbessern können, «indem sie der Gesellschaft Kosten in Form von bewerteten externen Effekten aufbürden».[45] Einzelne verbessern ihre wirtschaftliche Lage, indem sie private Kosten vermeiden, wodurch soziale Kosten entstehen; der private «Nutzen wird konzentriert, Nachteile werden großräumig abgewälzt».[46] Solches Handeln entspricht einer Sichtweise, welche die Umweltproblematik als «Diskrepanz zwischen einzelwirtschaftlichen und gesamtwirtschaftlichen Kosten» wahrnimmt.[47] Negative Folgekosten gehen nicht in die Wirtschaftsrechnung des einzelnen Verursachers ein, sondern werden nach außen verlagert.[48]

Umweltkosten bzw. Kosten umweltpolitischer Maßnahmen setzen sich aus folgenden Bestandteilen zusammen:[49]

— aus der Vermeidung von Umweltbelastungen (Emissionen müssen verhindert oder beseitigt werden);
— aus verbleibenden Belastungen der Umwelt;
— aus Verwaltungskosten.

Nach TISCHLER[50] müssen solche externen Effekte auch aus volkswirtschaftlichen Gründen vermieden werden. Dies ist nur möglich, wenn sämtliche Kosten, die bei der Produktion, Verwendung und Entsorgung von Gütern entstehen, erfasst und verursachergerecht zugeordnet werden. Den Vorgang der Anlastung von sozialen Kosten aus Folgelasten an Verursacher nennt man *Internalisierung* von Sozialkosten.[51] Grundsätzlich kann die Internalisierung von sozialen Kosten sowohl bei privatwirtschaftlichen Produzenten als auch bei privaten Haushalten bzw. KonsumentInnen vollzogen werden. Die Vermeidung und Verminderung der Sozialkosten wird durch die konsequente Durchsetzung des VP erreicht.

Das umweltpolitische Verursacherprinzip

Eine wichtige Zielrichtung des umweltpolitischen Verursacherprinzips (uVP) gründet im Gedanken einer «gerechten Lastenverteilung» der umweltbezogenen gesamtgesellschaftlichen Kosten.[52] Nach FRENZ[53] kann das VP auf den *Gerechtigkeitsgedanken* zurückgeführt werden. Ähnliche Überlegungen stellt REHBINDER an: «Wer durch sein Verhalten oder seine Produkte eine Umweltbelastung bewirkt, ist für die Vermeidung oder Beseitigung verantwortlich und muss daher die Kosten der Vermeidung, Beseitigung oder des Schadensausgleichs tragen.»[54] Und STEINER[55] führt an, dass das VP «die einer Marktwirtschaft zugrunde liegenden Gerechtigkeitsvorstellungen erfüllt, wonach jeder für die von ihm verursachten Kosten aufzukommen hat».

Das VP wird somit nicht nur als Instrument zur Erreichung ökologischer Ziele gesehen. Es entspricht auch einer Vorstellung von Gerechtigkeit, insbesondere denjenigen gegenüber, die sich ökologisch nachhaltig verhalten und folglich quantitativ und qualitativ weniger Umweltschäden verursachen. Die Anwendung des VP entlastet «gerechterweise» Letztere, zumindest ökonomisch (indem zum Beispiel ihre Steuergelder nicht für die Verminderung, Vermeidung oder die nachträgliche Entsorgung der Auswirkungen und Folgen verwendet werden, die bestimmten Verursachern zugeschrieben werden können).

Das VP konzentriert sich nach bisheriger Auffassung auf eine *Kostenzurechnung* an die Verursacher. Bei diesem Ansatz handelt es sich primär also um eine *finanzielle Verantwortlichkeit,* weshalb vom «*Kostenzurechnungsprinzip*»[56] gesprochen wird. Es ist jedoch auch möglich, das VP in einer *erweiterten* Form als *allgemeine Maxime der Umweltverantwortlichkeit* zu verstehen. Hiernach können bestimmte Personen oder Gruppen aufgrund ihres Verhaltens oder ihrer Produkte auch für die konkrete inhaltliche Vermeidung, Verminderung oder Beseitigung von Umweltbelastungen verantwortlich gemacht werden. Dies geschieht beispielsweise mittels Maßnahmen wie Emissionsverboten, Auflagen für Schadstoffrückhalteeinrichtungen, Genehmigungsverfahren für Anlagen oder Produktionsprozesse, Bauvorschriften, Vorschriften über die Zusammensetzung oder Verwendung von Schadstoffen. Gemeinsam ist all diesen Maßnahmen, dass Umweltbelastungen durch die Verursacher selbst begrenzt, vermieden, vermindert oder beseitigt werden müssen. In diesem Zusammenhang reden wir von der *inhaltlich-konkreten Verantwortlichkeit*. Das Prinzip der «tatsächlichen Beseitigung»[57] von Umweltschäden durch die Verursacher unterscheidet sich vom zumeist üblichen *Umgang* mit Umweltbelastungen nach dem Gemeinlastprinzip – beispielsweise bei der Beseitigung von Abfällen oder bei der Klärung von Haushaltabwässern durch die öffentliche Hand, womit Lasten auch von Nichtverursachern getragen werden.[58]

Eine *erweiterte Auffassung* des VP umfasst somit konkrete Handlungs- und Unterlassungspflichten einerseits und die Zurechnung der Umweltkosten an die Verursacher andererseits.

Den vorangehenden Betrachtungen können *zwei grundlegende Funktionen des VP* entnommen werden:[59]

1. Mit dem VP soll ein Anreiz zur Vermeidung und Verminderung von Umweltproblemen bzw. von externen Effekten und der damit verbundenen sozialen Folgekosten geschaffen werden. In diesem Sinne wird von der *Anreizfunktion* des VP gesprochen, womit ein Umweltoptimum erreicht werden soll. Im Zentrum stehen hier die Umweltproblematik und die Nachhaltigkeit.
2. Sollten aus Umweltproblemen dennoch Sozialkosten entstehen, so sollen diese gerecht verteilt, d.h. den Verursachern angelastet werden. In diesem Sinne kann von der *Ausgleichsfunktion* des VP gesprochen werden, womit ein sozialökonomisches Optimum durch die «Geschlossenheit des Marktmechanismus»[60] erreicht werden soll. Im Zentrum steht hier das Problem der Sozialkosten.

STEINER[61] unterscheidet drei grundlegende *Varianten des VP (Kostenzurechnung):* «Nach der *ersten Variante* soll der Verursacher Umweltbelastungen nach Maßgabe der geltenden *Vorschriften* selber vermeiden, vermindern oder beseitigen. Tut er dies nicht, so sollen ihm anstelle dieser Pflicht deren Kosten auferlegt werden.»[62] Diese Variante konzentriert sich auf die *Anlastung der Vermeidungskosten* – auf die Kosten, die bei einer Verminderung der Umweltbelastung auf ein *definiertes Maß* bzw. einen *Standard* anfallen. Die Vermeidungskosten können sich auf eine bereits bestehende oder auch eine in Zukunft zu erwartende Umweltbelastung beziehen. Ziel ist es, den Verursachern einen Anreiz zu geben, dass sie Umweltbelastungen erst gar nicht verursachen.[63]

Bei der ersten Variante müssen Restschäden nicht entschädigt werden. «Nach der *zweiten Variante* soll der Verursacher zusätzlich auch die durch ihn gesetzte, gesetzlich aber an sich *zulässige Restbelastung* finanziell ausgleichen.»[64] In diesem Fall müssen Emittenten nicht nur die Vermeidungskosten auf sich nehmen, sondern zusätzlich auch noch Abgaben für die Restbelastungen bezahlen. Laut FRENZ[65] müssen die Verursacher bei dieser Variante nebst den Vermeidungskosten auch die Restschäden finanziell ausgleichen, die aus der Umweltbelastung entstanden sind, selbst wenn die Schäden von Seiten des Staates gebilligt wurden.

«Die *dritte Variante* gleicht der zweiten, doch richten sich hier die Kosten für die Umweltnutzung nach einem politisch festgesetzten *Knappheitspreis*.»[66] Für die Nutzung knapper *Umweltgüter*[67] soll ein Entgelt bezahlt werden, das sich nach der Knappheit des Gutes bemisst. Nach FRENZ[68] gilt dieser Ansatz als «Theorie der Umweltnutzung gegen Entgelt». Für Verursacher entsteht dadurch ein Anreiz, den Gebrauch von Umweltgütern zu begrenzen.

In Anlehnung an die dritte ist eine weitere Variante denkbar, die sich an der *Theorie der Eigentumsrechte*[69] orientiert. Umweltgüter könnten privatisiert, vom kollektiven in privaten Besitz überführt werden, wodurch sie einen Marktwert bzw. einen Preis und einen «Besitzer» erhielten. Auf diesem Weg könnte die kostenlose Übernutzung der Umwelt verhindert werden. Der Marktwert vieler Umweltgüter und natürlicher Ressourcen ist jedoch verzerrt, weil dafür kein entsprechender Preis bezahlt werden muss. Folglich müsste man private Nutzungsrechte für Umweltgüter erwerben können.[70] Die Verbraucher von Umweltgütern würden dann automatisch einen «umweltgerechten» Preis für die gehandelten Umweltgüter bezahlen.[71]

Beim *inhaltlich-konkreten Verantwortungsprinzip* lassen sich folgende drei Hauptkategorien unterscheiden:

— *Verminderung* von Umweltbeeinträchtigungen durch die Verursacher;
— *Vermeidung* von Umweltbeeinträchtigungen durch die Verursacher;
— *nachträgliche Beseitigung* von Umweltbeeinträchtigungen durch die Verursacher.

Verursacher können nach diesen drei übergeordneten Varianten zur Verantwortung gezogen werden. Zu erwähnen ist allerdings, dass diese Varianten in der Praxis oft nicht scharf voneinander getrennt werden. FRENZ[72] meint, dass die praktische Anwendung von Maßnahmen sich *primär nach deren Wirksamkeit* und nicht nach einer theoretischen Konzeption des VP richten soll.

Tabellarische Zusammenfassung

Darstellung 1
Grundlagen zum Verursacherprinzip im Umweltbereich

Problemstellung im Umweltbereich

Außerordentliche Einwirkungen auf die natürliche Umwelt = durch Menschen verursachte Umweltschäden	Einwirkungen der Natur auf sich selber = nicht von Menschen verursachte Umweltschäden
– Umweltschäden durch Verschmutzung/ Beeinträchtigung – Umweltschäden durch Einwirkungen auf die Ökosysteme/Biosphäre, die zu einer Naturverformung führen können	

Grundlegende Varianten des Umweltschutzes

Vorsorgender Umweltschutz	Nachsorgender Umweltschutz
– Entwicklung umweltfreundlicher Techniken im Sinne einer ökologischen Modernisierung – Herbeiführen von Strukturveränderungen (z.B. Verlagerung von Güterverkehr auf die Bahn)	– Reparaturmaßnahmen und Kompensation von Umweltschäden (im Fall von «Verkehrslärm» beispielsweise durch Ausbau einer medizinischen oder psychologischen Versorgung für die betroffenen Lärmopfer) – Entsorgungsmaßnahmen
Präventive und repressive Funktion des Umweltschutzes	Wiederherstellende Funktion des Umweltschutzes

Ökologische Nachhaltigkeit als Leitlinie
Umweltbelastungen und Verbrauch natürlicher Ressourcen soll auf Aufnahmekapazität/ Regenerierungsfähigkeit der Umwelt/Natur (inkl. Mensch[73]) begrenzt werden.

Fortsetzung ➤

Darstellung 1
Fortsetzung

Negative externe Effekte und soziale Kosten

Umweltbelastungen/Umweltschäden als negative Externalitäten	Umweltbelastungen/Umweltschäden als soziale Folgekosten
Unerwünschte Effekte aus Produktion und Konsum, die nicht bei den Verursachern, sondern bei unbeteiligten Dritten oder bei der Allgemeinheit anfallen (z.B. Luftverschmutzung, Lärm- und Abgasschäden usw.).	Folgekosten aus Produktion und Konsum werden nach außen verlagert = externalisiert (z.B. Kosten für Umweltschutzmaßnahmen, Vermeidung von Umweltbelastungen usw.).

Umweltproblematik wird als Diskrepanz zwischen einzelwirtschaftlichen und gesamtwirtschaftlichen/volkswirtschaftlichen Kosten gesehen.

Einzelwirtschaftliche Kosten	Gesamtwirtschaftliche/volkswirtschaftliche (Sozial-)Kosten
Verursacher	Unbeteiligte Dritte/Allgemeinheit

Internalisierung der sozialen Folgekosten:
- Sämtliche Kosten, die bei der Produktion, Verwendung und Entsorgung von Gütern entstehen, werden erfasst und verursachergerecht zugeordnet = Anlastung der sozialen Folgelasten aus Konsum und Produktion an die Verursacher.
- Die Vermeidung/Verminderung der Sozialkosten wird durch die konsequente Anwendung des VP erreicht.

Gemeinlastprinzip und Verursacherprinzip

Verursacherprinzip	Gemeinlastprinzip
Umweltkosten werden den Verursachern angelastet = Umweltkosten werden zu einzelwirtschaftlichen Kosten.	Umweltkosten werden von unbeteiligten Dritten/der Allgemeinheit getragen = Umweltkosten werden zu Kosten der Allgemeinheit/Sozialkosten.

© Piñeiro/Wallimann

Darstellung 2
Das umweltpolitische Verursacherprinzip

Das Verursacherprinzip als Verantwortungsprinzip

Das VP wird übergreifend als allgemeine Maxime der Umweltverantwortlichkeit beschrieben – die grundsätzliche Zuordnung eines Sachverhalts zu einem Verursacher.

VP als Kostenzurechnungsprinzip	VP als inhaltlich-konkretes Verantwortlichkeitsprinzip
Finanzielle Verantwortlichkeit	Konkrete, inhaltliche Verantwortlichkeit
Abwälzen der Kosten, die aus Vermeidung, Verminderung oder nachträglicher Beseitigung von Umweltbelastungen entstehen, auf die Verursacher	Zurechnung von Handlungs- und Unterlassungspflichten an die Verursacher: «tatsächliche» Vermeidung, Verminderung oder Beseitigung von Umweltschäden und Belastungen
Der Staat oder Dritte (u.a. Betroffene) führen Maßnahmen im Rahmen des Umweltschutzes durch. Die Verursacher tragen die Kosten dafür.	Verursacher führen Maßnahmen selber durch und tragen damit auch die Kosten.

Funktionen des umweltpolitischen Verursacherprinzips

Ausgleichsfunktion des VP	Anreizfunktion des VP
Ziel ist die Wiederherstellung der Geschlossenheit des Marktmechanismus (Lastenausgleich zwischen Verursachern und Allgemeinheit): – wirtschaftspolitisch ausgerichtete Umweltpolitik zur Erreichung eines sozialökonomischen Optimums – Fokus auf das volkswirtschaftliche Problem der Sozialkosten = Ausgleich zwischen einzelwirtschaftlichen und gesamtwirtschaftlichen Kosten, u.a. durch die Internalisierung der Sozialkosten.	Ziel ist es, Anreize zur Vermeidung bzw. Verminderung von Umweltproblemen zu geben: – Erreichen eines Umweltoptimums/Nachhaltigkeit – Fokus auf die Umweltproblematik = Anreiz durch Erhebung eines Preises für Umweltgüter, u.a. durch die Internalisierung der Sozialkosten.

© Piñeiro/Wallimann

Fortsetzung ▶

Darstellung 2
Fortsetzung

Varianten des umweltpolitischen Verursacherprinzips

VP als finanzielles Verantwortungsprinzip (Kostenzurechnung)		
	Variante 1	Anlastung der Vermeidungskosten/Verminderungskosten Dem Verursacher werden hier nur die mit der Erfüllung der Auflagen verbundenen Vermeidungskosten/Verminderungskosten angerechnet.
	Variante 2	Anlastung der Vermeidungskosten und der sozialen Zusatzkosten Dem Verursacher werden nebst den Vermeidungskosten auch die Kosten für Restschäden angerechnet: Abgaben auf Restbelastungen, finanzieller Ausgleich für Umweltschäden.
	Variante 3	Umweltnutzung gegen Entgelt Der Verursacher bezahlt für die Nutzung der Umwelt als eines knappen öffentlichen Gutes einen politisch festgesetzten Knappheitspreis.
	Variante 4	Bezahlung eines Marktwertes für Umweltgüter/Privatisierung von Umweltgütern Der Verursacher erwirbt Umweltgüter (Verschmutzung/Belastung), indem er einen Preis dafür bezahlt, entsprechend dem Marktwert des gehandelten Umweltgutes.
VP als inhaltlich-konkretes Verantwortungsprinzip		
	Variante 1	Verminderung von Umweltbeeinträchtigungen durch die Verursacher
	Variante 2	Vermeidung von Umweltbeeinträchtigungen durch die Verursacher
	Variante 3	Nachträgliche Beseitigung von Umweltbeeinträchtigungen durch die Verursacher

© Piñeiro/Wallimann

Was leistet das Verursacherprinzip in der Sozialpolitik?

Dimensionen

Betrachtet man soziale Probleme als negative Externalitäten, so stellt sich in erster Instanz die Frage, *wer* oder *was* diese sozialen Probleme hervorgerufen hat – also die Frage nach Ursache und Verursachern. Soziale Probleme entstehen aus vielerlei Gründen: Verschulden von Akteuren oder Strukturen, soziale Ungleichheit, beschleunigter sozialer Wandel, Werte- und Normkrisen, wirtschaftliche Rezessionen oder höhere (natürliche) Gewalt können hier eine wesentliche Rolle spielen.[74] Soziale Probleme haben meist eine komplexe, *multifaktorielle* Ursache. Stets lassen sie sich indessen als *Folge menschlichen Handelns* von Individuen oder Organisationen interpretieren, als negative Auswirkungen eines bestimmten Verhaltens oder unterlassener Handlungen. Auch strukturelle Bedingungen, die Externalitäten produzieren, etwa soziale Ungleichheit und wirtschaftlicher Strukturwandel, können als Produkte menschlichen Handelns betrachtet werden. Es muss deshalb gründlich überprüft werden, wann Strukturbedingungen[75] auf menschliche Entscheidungen und Aktivitäten zurückgeführt werden können und wann nicht.[76]

An zwei prägnanten Beispielen wollen wir die Mechanismen der negativen Externalitäten hier kurz veranschaulichen (beide Bereiche werden später noch ausführlicher besprochen):

— Durch den Alkoholkonsum erwachsen der schweizerischen Volkswirtschaft Kosten, die laut der Schweizerischen Fachstelle für Alkohol- und andere Drogenprobleme SFA mindestens drei Milliarden Franken jährlich betragen. In diese Kostenberechnung «fließen nicht nur die Aufwendungen für die Behebung von Schäden ein (Sach- und Personenschäden), sondern auch der Wert der ausgefallenen Produktionskraft durch Krankheit, Invalidität oder frühen Tod».[77] All diese Lasten und Sozialkosten werden von der Allgemeinheit getragen und nicht von den Verursachern, beispielsweise den KonsumentInnen, Verteilern und Produzenten von Alkoholgetränken.

— Die externalisierten Kosten von Unternehmen, die Personen aus einem Angestelltenverhältnis entlassen, belaufen sich laut STRAHM[78] auf 46 000 Franken pro Person und Jahr. Diese Kosten, die von der öffentlichen Hand getragen werden müssen, umfassen Zahlungen der Arbeitslosenversicherung (ALV) und Kosten für Wiedereingliederungsmaßnahmen. Nicht enthalten sind weitere soziale Folgelasten wie psychische und gesundheitliche Schäden, die Sozialhilfe, die Invalidenhilfe und Kriminalität.

Die meisten sozialpolitischen Maßnahmen bringen eine Form von Solidarität zum Ausdruck, welche die Frage nach Verursachern als Verantwortliche kaum berücksichtigt. Entsprechend werden die Folgen aus sozialen Problemen zumeist kollektiv (sozial-)versichert, «repariert» und finanziert. Problemverursachung als individuell kalkulierbares und für die Verantwortungszumessung relevantes Kriterium kommt dabei kaum zur Geltung. Allenfalls wird Verursachung bei den Empfängern von sozialen Leistungen thematisiert;[79] Kosten, Effizienz- und Umverteilungsprobleme werden also erst dann wahrgenommen, wenn soziale Leistungen beansprucht werden. Die Theorie der externen Effekte greift jedoch vor und fokussiert bereits auf die Entstehungsvorgänge der eigentlichen Sozialprobleme. Die Betrachtung sozialer Probleme und Risiken als negative Externalitäten birgt eine fundamentale Unterscheidungsmöglichkeit: Die Wechselfälle des Lebens sind nicht nur auf «unkontrollierbare Zufälle, sondern auch auf menschliches Entscheiden, Handeln und Verursachen zurückzuführen. Daraus ergibt sich, dass die Delegation der Verantwortung für soziale Probleme an den Sozialstaat nicht wie bis anhin hingenommen werden kann, ohne nach den Verursachern und insbesondere nach allfälliger Problemvorsorge zu fragen. Die *einseitige Risikoauffassung*, wie sie die Sozialversicherungen und das System der sozialen Sicherheit verkörpern, wird damit zur Diskussion gestellt.

Wie wir sehen werden, wird im Umweltbereich bei der Zumessung der Verantwortung für die Folgen von Beeinträchtigung anders als im Sozialbereich verfahren. Dort gilt grundsätzlich: Bestimmte Umweltprobleme können als Folgen menschlicher Einwirkungen bezeichnet werden. Dadurch kann die Verantwortung für die Schäden bestimmten Verursachern zugerechnet werden. In solchen Fällen darf die Verantwortung für Schadensvorsorge oder -nachsorge nicht an die Allgemeinheit delegiert werden, denn damit würden falsche Anreize gesetzt (die Delegation der Verantwortung fördert Umweltprobleme) und zudem Sozialkosten generiert (die Delegation der Verantwortung erhöht die Belastungen der Allgemeinheit).

In Anlehnung an Erfahrungen aus dem Umweltbereich führen negative Externalitäten im sozialpolitischen Bereich zu zwei zentralen Kernproblemen, die Anlass geben, das VP zu diskutieren. Erstens stellt sich *das Problem der Kosten*. Sozialstaatliche Leistungen repräsentieren Sozialkosten. Daraus ergibt sich die Frage nach einer gerechten Lastenverteilung mittels VP. Als weitere Dimension zeigt sich ein *Komplex sozialethischer Problemstellungen*: Ähnlich wie im Umweltbereich stellt sich deshalb auch im Sozialbereich die Frage, ob Risiken, die zu Problemen führen, leichtfertig in Kauf genommen werden, weil kein Anreiz zur Vorsorge besteht.

Ein solches System lädt zu einem «fahrlässigen Verbrauch» sozialer Leistungen ein und hat eine Ausdehnung der Sozialkosten zur Folge.

Ökonomische Dimension

Bei der Frage der Lastenverteilung geht es im Wesentlichen um die gesellschaftliche Reaktion auf soziale Probleme und um die Frage, welches *Prinzip* der Kostenverteilung in erster Linie verfolgt wird: das *Verursacher-* oder das *Gemeinlastprinzip*. Das aktuelle System der sozialen Sicherheit sieht primär vor, Hilfe und Unterstützung im Sozialbereich verursacherunabhängig zu gestalten, mit Geldern der solidarisch finanzierten Sozialversicherungen[80] und Mitteln der öffentlichen Hand. Vergleicht man nun die Prinzipien im Umgang mit den Sozialkosten aus dem Umwelt- und dem Sozialbereich, lassen sich fundamentale Unterschiede feststellen:

— Im Umweltbereich wird die finanzielle und inhaltlich-konkrete Verantwortung zur Problemlösung und Prophylaxe möglichst den Verursachern zugeordnet. Falls dies aus bestimmten Gründen nicht möglich ist, wird die Verantwortung *subsidiär* von der öffentlichen Hand wahrgenommen.
— Im *Sozialbereich* hingegen wird die finanzielle und inhaltlich-konkrete Verantwortung für die Problemlösung primär «sozialversichert» und/oder

der öffentlichen Hand übertragen – also möglichst solidarisch und verursacherunabhängig gestaltet.

In diesem Sinne kommt im Sozialbereich kaum ein System der «Rückbindung von Verantwortung an Verursacher» zur Anwendung. Kleine Ausnahmen bilden z.B. der Selbstbehalt und die Franchise im Bereich der Krankenversicherung (KV) oder Verwaltungssanktionen im Rahmen der ALV[81] (Einstellung der Anspruchsberechtigung oder Reduktion des Leistungsanspruches).[82] Kaum ein Verursacher sozialer Probleme wird dazu angehalten, sich am sozialen «Sicherungssystem» gemäß seinen «negativen Externalitäten» oder dem von ihm in Kauf genommenen Risiko zu beteiligen. So muss beispielsweise eine Tabakfirma keine Versicherung abschließen, die für die durch sie verursachten Gesundheits-Folgekosten aufkäme. Ihr Risiko – und ihre Schadensverursachung – wird damit zum Risiko *aller* Gesellschaftsmitglieder. Es wird u.a. durch die Krankenversicherung gedeckt. Anderes Beispiel: Massenentlassungen lösen oft medienwirksame Entrüstung aus, doch gibt es keine differenzierten und effizienten Instrumente, die Sanktionen wegen unnötiger Entlassungen erlauben würden. Zwar bezahlen sowohl ArbeitnehmerInnen wie Arbeitgeber Beiträge an die ALV, diese sind jedoch verursacherneutral.

Die *einseitigen Lastenverteilungen* machen den Sozialstaat zum «permanenten Verlierer». Eine (verursacher-)gerechte Umverteilung der sozialen Lasten ist deshalb als Lösungsansatz in Erwägung zu ziehen. Die Verursacherorientierung im Versicherungsbereich würde z.B. dazu führen, dass Versicherungsprämie und Risiko bzw. Schadenspotenzial äquivalent wären. Die Prämie würde gemäß dem Risiko steigen. Verhalten, das keine Kosten auslöst, würde zu Prämienreduktionen führen. Bei Privatversicherungen wird dies oft so gehandhabt, nicht jedoch bei Sozialversicherungen.

Im Sozialversicherungsbereich scheint es zunächst, als stünden eine soziale Ausgestaltung und die VP-Orientierung zueinander im Widerspruch. Das VP belangt innerhalb des Versichertenkollektivs ausschließlich diejenigen, die sich aufgrund besonders riskanten Handelns unsolidarisch verhalten (gemäß ihrem Schadenspotenzial). Aus Sicht der Verursacher wird die Solidaritätskomponente der Sozialversicherungen aufgelockert. Damit würde das VP den Versichertenkreis über die Adressaten der Versicherungsleistungen hinaus erweitern (z.B. auf problemverursachende Personen und Organisationen, die sich bisher nicht an einer bestimmten Sozialversicherung beteiligten). Für das VP steht nicht die *Betroffenheit* von sozialen Problemen im Zentrum, sondern die *Verursachung*, die Inkaufnahme eines außerordentlichen Risikos mit sozial schädlicher Wirkung.

Sozialethische Dimension

Werden in der Umweltpolitik ökonomische Anreize oder Regulierungen, wie z. B. Sanktionen, Gebote, Verbote und Inverantwortungnahme der Verursacher bei Schädigung und Ausbeutung der Natur, unterlassen, führt dies letztlich zu einer nachhaltigen Zerstörung der natürlichen Lebensgrundlagen. Deshalb werden menschliches Verhalten und wirtschaftliche Spielregeln durch Umweltpolitik so beeinflusst, dass Akteure ökologische Ziele berücksichtigen müssen, sei es, indem Verschmutzen kostet oder verboten wird, sei es, indem der Verbrauch natürlicher Ressourcen entsprechend bezahlt werden muss (Kostenwahrheit) oder vorsorglich Schutzeinrichtungen von staatlicher Seite eingefordert werden (z. B. Katalysatoren bei Autos, Filteranlagen).[83] Solche und ähnliche umweltpolitische Maßnahmen zielen auf eine Praxis größtmöglicher Vorsorge ab. Umweltprobleme sollen möglichst frühzeitig eingedämmt oder unterbunden werden. Dabei spielt das VP eine zentrale Rolle: Die Zurechnung der Sozialkosten an Verursacher verteuert Umweltgüter und umweltschädliches Verhalten. Dies führt im Sinne eines nachhaltigen wirtschaftlichen Wachstums zu einer effizienteren Nutzung der natürlichen Ressourcen und zu vermehrtem Umweltschutz.[84]

Im Umweltbereich werden Schäden nach Möglichkeit unterbunden oder strafrechtlich verfolgt. Nicht so im Sozialbereich: Hier wird nicht danach gefragt, welche Funktion ein Verursacher bei der Entstehung einer sozialen Problematik ausübte. Mit Blick auf den Umweltbereich liegt die These nahe, dass das aktuelle System der sozialen Sicherung ein Auftreten sozialer Probleme systembedingt sogar begünstigt. Es fehlt mehrheitlich an Anreizen, sich sozialpräventiv zu verhalten. Die eigene Gesundheit nicht zu gefährden oder Dritte nicht in soziale Risikosituationen zu bringen bleibt eine Sache persönlicher Tugend. Statt Probleme vorweg einzudämmen und zu verhindern, werden soziale Belastungen vermehrt mit flankierenden Maßnahmen abgefedert. «Anstatt Erkrankung und Unfall im Betrieb zu verhindern, werden sie an die Versicherungen und deren Dienstleistungen delegiert. Anstatt die Weiterbildung durch die Betriebe sicherzustellen, wird ein Teil der Bevölkerung arbeitslos gemacht und zur weiteren Qualifikation dem gesellschaftlichen Umfeld überlassen. Anstatt die Existenz der Bevölkerung durch Arbeit und/oder durch eine bessere Verteilung der Arbeitszeit und Gestaltung der Lohnstruktur zu sichern, wird die Bevölkerung arbeitslos gemacht und zur Existenzsicherung und sozialen Kontrolle der Allgemeinheit überlassen.»[85] Eine sozialpolitische Ausrichtung der «nachträglichen Reparatur» ist im Übrigen auch aus ethischer Sicht verwerflich, weil «Beschädigung, Verlust und Verschwendung» von menschlichem

Leben und Lebensqualität, von Gesundheit, Gemeinwohl und Humanpotenzial usw. hingenommen wird, obwohl es zu verhindern wäre. Das Fehlen von Anreizstrategien (Gebote und Verbote) schafft eine *Kultur der Verantwortungslosigkeit*. Eine sozialpolitische Ausrichtung, die Verursacher stärker an ihre Verantwortung bindet, würde Anreize zur Problemvorsorge setzen, verstärkt sozialpräventives Verhalten generieren und generell den sozialen Risikoschutz fördern.

Nun birgt jedes menschliche Verhalten unvermeidbar Risiken. Deshalb muss beachtet werden, dass es bei sozialer Risikoinkaufnahme unterschiedliche Spielräume gibt.[86] Analog zum Umweltbereich muss das VP auch im sozialpolitischen Bereich auf bestimmte größere oder kostenrelevantere Risiken oder Schäden eingeschränkt werden.

Die aktuelle Aufteilung sozialer Lasten zwischen einzelnen Verursachern und der Allgemeinheit und eine Ausrichtung der Sozialpolitik, die eine VP-Orientierung vernachlässigt und dadurch kaum Anreize zu präventivem Verhalten gibt, steht hier im Zentrum der Kritik. Die für selbstverständlich gehaltene Delegation der Verantwortung bestimmter Verursacher an den Sozialstaat fördert dessen unerwünschte Aus- und Übernutzung. Hand dazu bietet ein einseitig solidarisches, kollektives soziales Sicherungssystem. Soziale Probleme werden so als «Produkt» unverschuldeter Zufälle pauschalisiert oder einer «anonymen, sozialproblemproduzierenden Gesellschaftsstruktur» zugeordnet.

Verantwortung und Solidarität

Soll die Allgemeinheit – hier durch den Sozialstaat verkörpert – sich für Verminderung, Vermeidung und nachträgliche «Behandlung» von Sozialproblemen verantwortlich zeigen (soziale Transferleistungen), oder soll den Verursachern sozialer Probleme die Verantwortung für ihre negativen Effekte und Kosten aufgebürdet werden?

— Heute übernehmen die Sozialversicherungen und die Sozialhilfe einen Großteil der Verantwortung, indem sie sozialen Schutz gegen große Lebensrisiken gewähren: Menschen mit nicht selbst verschuldeten Schwächen werden vom Sozialstaat entschädigt, und die Folgen sozialer Ungleichheit, beispielsweise bezüglich der Verteilung von Einkommen, Vermögen, Bildungs- und Lebenschancen, werden mit sozialstaatlichen Mitteln kompensiert. Der «Staat» nimmt hier Verantwortung zur Sicherung der gesamtgesellschaftlichen Wohlfahrt wahr.

— Im Gegensatz dazu steht die Zumessung der Verantwortung an Einzelne oder Gruppen im Sinne von Eigenverantwortlichkeit. Jemanden zur Verantwortung zu ziehen bedeutet nach BLASCHE,[87] «ihn für die negativen Folgen seines Handelns, für den im Regelfall anderen zugefügten Schaden haftbar zu machen». Wobei im Falle sozialer und ökologischer Probleme der Adressat negativer Folgen zugleich auch der Verursacher sein kann. Ein Beispiel: Die negativen Folgen übermäßigen Alkoholkonsums und die damit verknüpften sozialen Sekundärprobleme treffen die AlkoholkonsumentInnen auch selbst.

Mit Blick auf die zunehmende Belastung des Sozialstaats gewinnt die Optik der Verursachung an Bedeutung, denn diese ermöglicht es, Verantwortung einzelnen Akteuren zuzumessen und die Allgemeinheit (den Sozialstaat) zu entlasten. Als positiver Effekt würde sich ein stärkeres Bewusstsein hinsichtlich der Verursachung sozialer Probleme und der erbrachten Leistungen der «sozialstaatlichen Aufräumagenturen» bilden. Damit würde deutlich, wie Verantwortung an die Allgemeinheit delegiert wird und wer die Verursacher der «teuer zu reparierenden sozialen Schäden» sind. Sichtbar würde auch, dass im aktuellen System der sozialen Sicherheit Sozialkosten, soziale Probleme und Sozialrisiken toleriert werden, bis hin zur bewussten Inkaufnahme – während die zunehmende Beanspruchung sozialer Leistungen aber politisch in die Kritik geraten würde.

Damit man Verantwortung Akteuren zumessen kann, braucht es eine komplexitätsreduzierende Betrachtungsweise der problemgenerierenden Aktivitäten und gesellschaftlichen Zusammenhänge. Dies wird mittels eines Ursache-Wirkung-Verstehens erreicht. Bei der Anwendung des VP im Umweltbereich wird dieses Vorgehen bereits praktiziert. Auch im Privatversicherungsbereich[88] und in der Rechtswissenschaft[89] trifft man auf diese «reduktionistische Betrachtungsweise». Ansonsten wäre es kaum denkbar, unverantwortliches von verantwortlichem Verhalten zu trennen.

Bei der Ursache-Wirkung-Analyse in der Ökologie kann man sich oft nicht allein auf eine naturwissenschaftliche Kausalitätskette abstützen, weshalb bei der Zumessung von Verantwortung an Verursacher auch ein *wertender Vorgang* ins Spiel kommt.[90] Auch bei sozialpolitischen Problemstellungen, in denen die Zumessung von Verantwortung zu bestimmen ist, wäre das nicht anders. Um die Spielräume einer verursacherorientierten Zumessung der Verantwortung auszuloten, ist eine Vorentscheidung zugunsten einer «primären Kausalkette», die komplexe Ursachenzusammenhänge auf die wesentlichen Verbindungen zu reduzieren vermag, allerdings notwendig.

Verursacher sollen sich gegenüber der Allgemeinheit solidarisch zeigen, indem sie Verantwortung für die Folgen ihres Verhaltens übernehmen. Insofern kann das VP bei offensichtlichen Missverhältnissen in der Verantwortungszumessung oder bei groben Verstößen gegen das Solidaritätsprinzip als Regulativ zwischen Eigenverantwortung und sozialstaatlicher Verantwortung angewandt werden. In welchen Fällen ein Vollzug des VP angebracht ist und damit auch eine sozialstaatliche Zielsetzung verfolgt werden kann, ist Gegenstand der folgenden Ausführungen. Ziel ist eine sozialstaatspolitisch legitime und gerechte – weil verursachergerechte – Verantwortungszumessung. Das VP wird in diesem Zusammenhang verstanden als politische Option und ethische Forderung, eine andere, *echtere Solidarität gesamtgesellschaftlich zu verwirklichen*.

Zielrichtungen

Soziale Gerechtigkeit

Der Begriff der sozialen Gerechtigkeit bezeichnet nach KOLLER[91] «die Gesamtheit aller jener Standards der Gerechtigkeit, die auf die *institutionelle Verfassung* und auf die *grundlegenden Verhältnisse ganzer Gesellschaften* Anwendung finden». Demzufolge fasst das Konzept der sozialen Gerechtigkeit eine Mehrzahl von Gerechtigkeitsforderungen zusammen. KOLLER erwähnt[92]

— die Forderung *distributiver Gerechtigkeit*, insoweit «die gesellschaftliche Ordnung Güter und Lasten in Gestalt von Rechten und Pflichten, Freiheiten, Machtbefugnissen, sozialen Positionen und Lebenschancen verteilt»;
— Standards der *Tauschgerechtigkeit*, insoweit «soziale Beziehungen durch vertragliche Transaktionen vermittelt werden»;
— die Legitimität entsprechender Kriterien der *politischen Gerechtigkeit*, insoweit «soziale Verhältnisse Herrschaft einschließen»;
— Standards der *korrektiven Gerechtigkeit* hinsichtlich gesellschaftlicher Sanktionen, insoweit «die Gesellschaft die Verletzung verbindlicher sozialer Normen mit Sanktionen bedroht».

Innerhalb jeder Vorstellung sozialer Gerechtigkeit erachtet KOLLER[93] Standards *distributiver Gerechtigkeit* als besonders wichtig. Sie bestimmen die angemessene Verteilung sozialer Güter und Lasten und definieren damit einen primären Grundbestand von Rechten und Pflichten jedes einzelnen Gesellschaftsmitgliedes.

Zwischen den einzelnen Bürgern besteht ein Gemeinschaftsverhältnis und damit ein gemeinsamer Anspruch auf bestimmte Güter und eine gemeinsame Verpflichtung, gewisse Lasten zu tragen. Nebst einer Gleichverteilung der allgemeinen Rechte und Freiheiten der Bürger verlangt soziale Gerechtigkeit in einem gewissen Umfang auch «eine den Leistungen und Bedürfnissen der Menschen entsprechende Verteilung wirtschaftlicher Güter und Lasten».[94] Somit strebt soziale Gerechtigkeit nebst einer gerechten materiellen Lastenverteilung auch einen gerechten Ausgleich immaterieller Interessen an. «Die Grundidee ist eine möglichst ausgewogene Verteilung von Lebens- und Entfaltungschancen, von Anstrengungen, Belastungen, Kosten, Belohnungen und Glücksmöglichkeiten auf die Angehörigen einer Gesellschaft.»[95]

KRAMER[96] meint, dass bei allen Gerechtigkeitsprinzipien offen bleibe, nach welchem Maßstab oder nach welchen Kriterien die Verteilung und Zuordnung von Lasten und Pflichten erfolgen soll. Dennoch – soziale Gerechtigkeit strebe an, gemeinschaftliches bzw. gesellschaftliches Leben nach bestimmten Prinzipien «gerecht» zu gestalten und soziale und wirtschaftliche Unausgeglichenheiten auch mittels staatlicher Eingriffe zu korrigieren. Kommt dabei das VP zur Anwendung, werden verursachergerecht

- im Nachhinein Disproportionalitäten ausgeglichen, zum Beispiel indem Maßnahmen und Leistungen der sozialen Sicherung eingerichtet werden *(Nachsorge)*;
- wirtschaftliche und soziale Entwicklungen von Beginn an mitgeprägt, beispielsweise indem eine gesamtwirtschaftliche Ordnung geschaffen wird, die sozialen Ausgleich von Grund auf mit berücksichtigt *(Vorsorge/Prävention)*.

Im Sinne der vorangehenden Ausführungen zur sozialen Gerechtigkeit kann das VP auf den sozialen *Gerechtigkeitsgedanken* zurückgeführt werden. Da es gilt, unter mehreren Personen Güter oder Lasten zu verteilen, kommt der Forderung nach distributiver Gerechtigkeit eine besondere Bedeutung zu.[97] Das VP hat zum Ziel, soziale Probleme zu vermeiden und/oder Transferleistungen an Geschädigte zu sichern. Je nach Verursacher – zum Beispiel Arme oder Reiche, Mächtige oder Ohnmächtige – erscheint dieses Ziel widersprüchlich, denn das VP unterscheidet zunächst nicht zwischen sozial schwächeren und sozial stärkeren Verursachern. Bei genauerem Hinsehen wird allerdings deutlich, dass sozial Schwächere kaum zur Kasse gebeten werden können, um den durch sie produzierten Schaden zu kompensieren, weil ihnen die finanziellen Mittel dazu fehlen. Zudem schließen sozialethische Überlegungen aus, dass sozial Schwache trotz VP *zusätzlich* belastet werden (sozialethisches Prinzip); schließlich soll das VP soziale Probleme *mindern* und nicht noch fördern. Diesem Umstand ist in der Anwendung des VP Rechnung zu tragen.

Soziale Nachhaltigkeit

Nachhaltigkeit beinhaltet die Zielvorstellung eines *durchhaltbaren, dauerhaften, zukunftsfähigen* Gleichgewichts und fokussiert auf einen erweiterten Zeithorizont. Soziale Nachhaltigkeit verfolgt das Ziel, die Ressourcen zu schützen, die von Menschen für ihr Wohlergehen benötigt werden. Wohlergehen wird verstanden als «ein Zustand, der sich aus der Befriedigung von Wünschen und Bedürfnissen ergibt, und zwar aufgrund unseres Umgangs mit knappen Mitteln und nichtwirtschaftlichen Faktoren».[98] Zu den Faktoren des Wohlbefindens zählen zum Beispiel soziale Beziehungen, Freiheit und Rechte, Sicherheit, auch das soziale Sicherungssystem, Beschäftigung, Arbeitsbedingungen, Einkommensverteilung, Freizeit, Umwelt und Produktion.[99] Auch Mindeststandards sozialer, psychischer und physischer Gesundheit und Integrität gehören dazu. Ökonomisch kann Nachhaltigkeit als «Kapitalerhaltung» beschrieben werden bzw. als «nicht abnehmendes Kapital».[100] Hinsichtlich *sozialer* Nachhaltigkeit verstehen wir unter «Kapital» *individuelle oder gesellschaftliche Ressourcen*, Fähigkeiten, Institutionen, kulturelle Ausstattung und soziale Beziehungen, Bildung, Information und Wissen.[101] In Analogie zum Umweltbereich mit Kapital wie Boden, Luft, Wälder, Wasser usw. können auch diese Ressourcen einer Gesellschaft «verschmutzt und übernutzt» werden, wodurch das Wohlbefinden aller beeinträchtigt wird.

Das soVP fokussiert auf die Sozialverträglichkeit gesellschaftlicher Aktivitäten, Entwicklungen und Strukturbedingungen, die dann gegeben ist, wenn *keine* sozialen Probleme generiert werden. Dieser Idealzustand sozialer Verträglichkeit entspricht einer optimalen sozialen Prävention: Individuen, Organisationen und gesellschaftliche Strukturen sollen dazu beitragen, dass soziale Schäden und damit verbundene Kosten für die Allgemeinheit erst gar nicht entstehen. Dies entspricht zugleich einer Zielvorstellung sozialer Nachhaltigkeit, die eine *längerfristige* Erhaltung der genannten Ressourcen und Faktoren menschlichen Wohlergehens anstrebt. Nun muss freilich berücksichtigt werden, dass diese Ressourcen und Faktoren aufgrund der natürlichen, sozialen oder wirtschaftlichen Vorgänge und Prozesse des Wandels kontinuierlich beeinträchtigt, aufgebraucht und entsprechend «regeneriert» werden müssen. Leben und Zusammenleben generieren automatisch soziale Risiken und Beeinträchtigungen. Deshalb sieht das System der sozialen Sicherung vor, schwerer wiegende soziale Risiken zu «flankieren» und abzufedern. Beim VP wird zusätzlich davon ausgegangen, dass Individuen und Organisationen *(vermeidbare, teilweise bewusst in Kauf genommene)* soziale Risiken und Schäden im Sinne von Eigenverantwortlichkeit vermeiden und damit sozial verträglich handeln können.

Der Frage, ob Schäden *reversibel* sind oder nicht, kommt eine wichtige Bedeutung zu. Im Umweltbereich gibt es die Auseinandersetzung um erneuerbare und nichterneuerbare natürliche Ressourcen. Ökologische Nachhaltigkeit macht insbesondere nichterneuerbare Ressourcen zum Thema, denn diese werden durch den übermäßigen Verbrauch künftiger Generationen *definitiv* entzogen, wodurch deren Lebensgrundlagen nachhaltig beeinträchtigt werden. Auf soziale Schäden bezogen, bedeutet ein irreversibler Schaden: a) einen nachhaltigen sozialen, psychischen oder physischen Schaden und b) auf gesamtgesellschaftlicher Ebene primär eine irreversible Beeinträchtigung im Bereich der sozialen Sicherung und damit des gesellschaftlichen Wohlbefindens.

Das Verursacherprinzip strebt eine Begrenzung der Nutzung und Belastung individuellen (menschlichen) und gesellschaftlichen Kapitals und der Faktoren menschlichen und gesellschaftlichen Wohlergehens an. Das VP soll

— grundsätzlich soziale Belastungen und Schäden vermindern, indem Anreize zur Problemvorsorge und -vermeidung geschaffen werden (soziale Verträglichkeit/Vorsorge);
— Folgeprobleme und -kosten verhindern bzw. vermindern, insbesondere Schäden und Belastungen, die über einen längeren Zeithorizont bestehen bleiben oder irreversibel sind;
— durch eine verursacherorientierte Lastenverteilung die Belastungen der sozialen Sicherung reduzieren und damit das System sozialer Sicherheit langfristig garantieren.

In diesem Sinne fördert das VP sozial verträgliche und nachhaltige (durchhaltbare, dauerhafte und zukunftsfähige) soziale und wirtschaftliche Entwicklungen, etwa im zwischenmenschlichen Bereich, im Bereich der Arbeitsbedingungen oder hinsichtlich gesellschaftlicher Strukturen. Ähnlich wie bei ökologischen Schäden muss der Mensch auch bei sozialen Beeinträchtigungen lernen, mit Begrenzungen sozialer und individueller Ressourcen zu leben.

Tabellarische Übersicht

Darstellung 3
Negative Externalitäten und Sozialkosten im Sozialbereich

Negative Externalitäten im Sozialbereich

Negative Externalitäten
Bestimmte soziale Probleme werden als durch menschliches Handeln verursacht verstanden. Sie lassen sich auf Individuen oder Organisationen zurückführen.

Soziale (Folge-)Probleme können durch selbstschädigendes oder fremdschädigendes Verhalten entstehen.

Soziale Probleme sind dann negative Externalitäten, wenn sie unbeteiligte Dritte bzw. die Allgemeinheit belasten.

Soziale Kosten
Folgekosten sozialer Probleme, die bei Dritten bzw. bei der Allgemeinheit anfallen, werden als soziale Kosten bezeichnet, so z.B. Kosten in Form von Transferleistungen der Sozialversicherungen oder Fürsorge, Dienstleistungen der sozialen Hilfsangebote, Gesundheitskosten, Folgekosten der Kriminalität usw.

© Piñeiro/Wallimann

Darstellung 4
Implikationen des sozialpolitischen Verursacherprinzips

Implikationen negativer Externalitäten

Ökonomische Dimension
= Frage einer gerechten Lastenverteilung zwischen Verursachern und Allgemeinheit

Sozialethische Dimension
= Frage einer größtmöglichen Vorsorge/Prävention durch die Verursacher hinsichtlich sozialer Probleme

Eigenverantwortung versus sozialstaatliche Verantwortung

Das VP als Verantwortungsprinzip
Stärkung der Eigenverantwortung der Verursacher hinsichtlich der sozialen Problemverursachung; Verursacher sollen soziale Probleme durch eigenverantwortliches Handeln möglichst vermeiden.

Das VP als Solidaritätsprinzip
Ohne VP-Orientierung kann sozialstaatliche Solidarität leichtfertig zur eigenen, privaten Begünstigung missbraucht werden, indem die Folgen unverantwortlichen Handelns an die Solidargemeinschaft delegiert werden. Verursacher sollen sich jedoch gegenüber der Allgemeinheit solidarisch zeigen, indem sie möglichst eigenverantwortlich handeln.

Das VP unterbindet/begrenzt unverantwortliches Handeln (Verursachen) gegenüber der Solidargemeinschaft (den Gesellschaftsmitgliedern) und stärkt dadurch sozialstaatliche Solidarität.

Eigenverantwortlichkeit fördert sozialstaatliche Solidarität. Dazu ist die Koppelung von Verursachern und Verantwortung notwendig.

Verantwortung wird mittels eines Ursache-Wirkung-Verstehens den Verursachern zugemessen.

Fortsetzung ➤

Darstellung 4
Fortsetzung

Zielrichtungen des sozialpolitischen Verursacherprinzips

Soziale Gerechtigkeit (Verteilungsgerechtigkeit)
Gerechte Verteilung der sozialen Lasten/Sozialkosten auf der Ebene der Gesellschaft; Lastenausgleich zwischen Verursachern und Allgemeinheit nach dem «**Wertmaßstab**» der Verursacherorientierung: Eine gerechte Lastenverteilung ist verursachergerecht.

Sozialethisches Prinzip
Der Lastenausgleich zwischen «**sozial starken**» und «**sozial schwachen**» Gesellschaftsmitgliedern *darf nicht zu einer zusätzlichen Belastung bzw. Benachteiligung der sozial Schwachen führen.* Diesem Prinzip muss sich jede Anwendung des VP verpflichten.

Soziale Nachhaltigkeit (Sozialverträglichkeit)
– Die Belastung des individuellen (menschlichen) und sozialen Kapitals und die Nutzung der Ressourcen/Faktoren menschlichen Wohlergehens muss nach den Erfordernissen eines durchhaltbaren, dauerhaften, zukunftsfähigen gesellschaftlichen Gleichgewichts erfolgen.
– Irreversible oder lang andauernde soziale Schäden müssen vermieden/unterbunden werden.
– Die langfristige Sicherung des Wohlergehens darf durch eine aktuelle Übernutzung (auch für künftige Generationen) nicht gefährdet werden.

⬇

Folglich: Menschliches Handeln/gesellschaftliche Entwicklungen müssen *sozial verträglich* sein; keine Gefährdung der Wohlfahrt aller und der individuellen und gesellschaftlichen Überlebens- und intergenerationellen Reproduktionsmöglichkeiten.

Soziale Verträglichkeit setzt soziale Problemvorsorge voraus, im Sinne vorsorglicher Verantwortungsübernahme.

Im Dienste sozialer Nachhaltigkeit verfolgt das VP folgende Ziele:
– *Grundsätzlich:* Soziale Belastungen und Schäden sind zu vermindern, indem Anreize zur Problemvorsorge und -vermeidung geschaffen werden (soziale Verträglichkeit/Vorsorge);
– Folgeprobleme und -kosten sind zu verhindern bzw. zu vermindern, insbesondere irreversible Schäden/Belastungen, die über einen erweiterten Zeithorizont bestehen bleiben;
– Durch eine verursacherorientierte Lastenverteilung sollen die Belastungen der sozialen Sicherung reduziert werden. Damit soll ein Beitrag geleistet werden, das System sozialer Sicherheit langfristig zu garantieren.

Darstellung 5
Spektrum und Profil des sozialpolitischen Verursacherprinzips

«Reines» Gemeinlastprinzip	Sozialpolitisches Verursacherprinzip (Mischform)	«Reines» Verursacherprinzip
Fokus: Verantwortungsprinzip		
Sozialstaatliche Verantwortung	Mischform aus sozialstaatlicher Verantwortung und Eigenverantwortung	Eigenverantwortung
Verursacherunabhängig	Falls Verursacher definierbar = VP wird in begründeten Fällen angewendet Berücksichtigung bestimmter Kriterien bei der Anwendung des VP, u.a. sozialethisches Prinzip	Falls Verursacher definierbar = *immer* Anwendung des VP
Fokus: Gestaltungsprinzip der sozialen Sicherung		
Gemeinlastorientierter Ausgleich	Verursacherorientierte Sicherung	Keine *soziale* Ausgleichskomponente berücksichtigt (Äquivalenzprinzip)
Kollektive soziale Sicherung	Das VP als Gestaltungsprinzip der sozialen Sicherung	Private Risikoversicherung
Breite Ausgestaltung der sozialen Sicherheit = uneingeschränkter sozialer Ausgleich (z.B. zwischen Krank und Gesund)	Eingeschränkte verursacherorientierte Ausgestaltung der sozialen Sicherheit = Ausgleich wird unter Einbezug des VP gestaltet; die soziale Sicherung unterscheidet zwischen Verursachern und Nichtverursachern (über Versichertenkreis hinaus).	Keine Ausgleichskomponente berücksichtigt = keine Ausgleichskomponente berücksichtigt

© Piñeiro/Wallimann

Fortsetzung ➤

Darstellung 5
Fortsetzung

Sozialversicherung = keine Äquivalenz zwischen Versicherungsleistungen und Prämien	Sozialversicherung = keine Äquivalenz zwischen Versicherungsleistungen und Prämien, außer bei Verursachern: Äquivalenz innerhalb der Sozialversicherung nur bei Verursachern vollzogen	Private Risikoversicherung = vollständige Äquivalenz zwischen Versicherungsleistungen und Prämien
Prinzip: Gestaltung des Beitritts zur Versichertengruppe unter Berücksichtigung sozialer Kriterien	Prinzip: Gestaltung des Beitritts zur Versichertengruppe unter Berücksichtigung sozialer und VP-orientierter Kriterien	Private Risikoversicherung nach Risikowahrscheinlichkeit
Verursacherunabhängige Solidarität	Verursacherorientierte Solidarität Mischform zwischen verursacherorientierter und verursacherübergreifender Solidarität	Solidarität nur innerhalb eines bestimmten Risikokreises (u.a. mit ähnlicher Risikowahrscheinlichkeit)

Fokus: soziale Gerechtigkeit (Verteilungsgerechtigkeit)

Soziale Gerechtigkeit (gleiche Verteilung von Ressourcen/Risiken/ Belastungen/Schäden in der Gesellschaft) = Ausgleichskomponente	VP-orientierte Gerechtigkeit = Ausgleichskomponente unter Berücksichtigung des soVP	Gerechtigkeit im Sinne von Gleichbehandlung aller Individuen mit gleicher Risikostruktur = keine Ausgleichskomponente

Fokus: soziale Nachhaltigkeit (Sozialverträglichkeit)

Kein Anreiz zu sozial verträglichem/nachhaltigem Verhalten	Anreiz zu sozial verträglichem/ nachhaltigem Verhalten: innerhalb einer sozialpolitisch gestalteten Verantwortungs-, Solidaritäts-, Sicherheits- und Gerechtigkeitsstruktur	Anreiz zu sozial verträglichem/ nachhaltigem Verhalten: jedoch innerhalb privat gestalteter Verantwortungs-, Solidaritäts-, Sicherheits- und Gerechtigkeitsstruktur

© Pinheiro/Wallimann

Macht und Verursacherprinzip

Verantwortung, so JONAS, ist unweigerlich an Macht gekoppelt: «Bedingung von Verantwortung ist kausale Macht. Der Täter muss für seine Tat antworten: Er wird für deren Folgen verantwortlich gehalten und gegebenenfalls haftbar gemacht.»[102] Für JONAS spielt der Grund für den angerichteten Schaden keine Rolle und ebenso wenig die «Qualität der Tat» (Vorsatz, Überlegung, Motiv, Zurechenbarkeit). «Es genügt, dass ich die aktive Ursache gewesen bin. Aber doch nur in enger kausaler Verbindung mit der Tat, so dass die Zuschreibung eindeutig ist und die Folge sich nicht im Unvorhersehbaren verliert.»[103] Des Weiteren führt JONAS *Verantwortung als Zu-Tuendes* an. Verantwortung wird hier nicht als «*ex-post-facto*-Rechnung für das Getane» verstanden, sondern als «Determinierung des Zu-Tuenden».[104]

Eine gerechte Verteilung bzw. Zurechnung von Verantwortung und Pflichten an Verursacher erfordert eine bestimmte (z.B. politische) Machtposition. Nach MAX WEBER bedeutet Macht «jede Chance, innerhalb einer sozialen Beziehung den eigenen Willen auch gegen Widerstreben durchzusetzen, gleichviel, worauf diese Chance beruht».[105] Geht man davon aus, dass keine machtfreien sozialen Räume existieren,[106] so wird deutlich, dass auch die Verursachung von Umwelt- oder Sozialschäden ein Resultat von Machtverhältnissen ist. Wer schädigende Aktivitäten vollziehen kann, verfügt über eine stärkere Machtposition (bzw. über eine Herrschaftsposition), die es erlaubt, jemandem oder einem Umfeld einen Schaden zuzufügen.

Die Umsetzung sozialpolitischer Ziele hängt von der aktuellen Macht- und Herrschaftskonstellation einer Gesellschaft ab. Deshalb bezeichnet SPEHR[107] im Umweltbereich die getrennte Betrachtung von Umweltproblemen und der Herrschaftskonstellation einer Gesellschaft als «Ökofalle». Die ökologischen Verhältnisse lassen sich nicht unabhängig von den Herrschaftsverhältnissen einer Gesellschaft betrachten, weil beide eng miteinander verwoben sind. Diese Feststellung lässt sich auf den Sozialbereich transferieren. Zwei Machttypen müssen hinsichtlich des VP besonders hervorgehoben werden: Die Definitionsmacht und die Begrenzungsmacht.

Bei Umwelt- und Sozialschäden spielt die *Definition* des Risikos, des Schadens und von dessen Kausalzusammenhängen – u.a. auch die Zurechnung von Verantwortung an Verursacher – eine entscheidende Rolle.[108] Welche Akteure unverantwortlich handeln, ist eine Frage von *Definitions-*[109] und *Artikulationsmacht*.[110] BECK[111] weist darauf hin, dass dabei gemachte Kausalitätsvermutungen sich der Wahrnehmung oft entziehen. Sie müssten *als wahr geglaubt* werden: «Die unterstellte Kausalität bleibt immer mehr oder weniger unsicher und vorläufig.»[112] Welche Wahrnehmung und «Wahrheit» sich durchsetzt, ist somit auch eine Frage der Macht.

Das soVP muss als Instrument zur Durchsetzung bestimmter Interessen sozialer Gerechtigkeit und sozialer Nachhaltigkeit betrachtet werden. Es soll eine ungerechte Lastenverteilung und sozial unverträgliche Aktivitäten vermeiden. So verstanden, soll durch das VP die «unbehinderte, partikuläre Interessenmaximierung auf Kosten der Bedürfnisbefriedigung anderer Menschen»[113] *begrenzt* werden. Das VP ist seinem Wesen nach ein mit Machtquellen ausgestattetes Instrument, das zur *Begrenzung anderer Machtchancen* eingesetzt wird. Welche Personen sich dieses Instruments aus welchen Interessenlagen heraus bedienen und welche Herrschaftsordnung damit begrenzt wird, ist entscheidend. Die konkreten, situationsbezogenen Zielsetzungen sozialer Gerechtigkeit und sozialer Nachhaltigkeit, die mit der Anwendung des VP erreicht werden sollen, müssen deshalb von vornherein definiert und deklariert werden. Ansonsten läuft man Gefahr, dass das VP zugunsten gegenteiliger Interessen missbraucht wird.[114]

Darstellung 6
Macht und Verursacherprinzip

Definitionsmacht und Verursacherprinzip

- Das VP als Instrument zur Klärung/Definition von sozialem Risiko, sozialem Schaden, Kausalzusammenhängen und damit verbundenen Verursachern
- Das VP als Instrument zur Klärung/Definition und Zumessung von Verantwortung an Verursacher

Begrenzungsmacht und Verursacherprinzip

- Begrenzung von unbehinderter partikulärer Interessenmaximierung auf Kosten anderer mittels des VP bzw. Durchsetzung bestimmter übergeordneter sozialer Interessen durch die Begrenzung individueller Interessen mittels des VP

Somit:
- Begrenzung/Unterbindung sozial unverträglicher Aktivitäten
- Begrenzung/Unterbindung einer ungerechten ökonomischen Lastenverteilung

© Piñeiro/Wallimann

II Leitlinien zur Anwendung des sozialpolitischen Verursacherprinzips

Technische Aspekte zum sozialpolitischen Verursacherprinzip

Das sozialpolitische Verursacherprinzip (soVP) besteht aus verschiedenen Bausteinen, die im nun folgenden Kapitel erörtert werden. Im Rahmen dieser Analyse kann nur eine *Auswahl der wichtigsten Kategorien* des VP behandelt werden. Diese Auswahl wird jedoch ausreichen, um das VP in seinen Grundzügen zu verstehen und zur theoretischen Anwendung zu bringen.

Auf einige Aspekte des soVP sind wir bereits im vorangehenden Teil eingegangen. Wenn nötig werden diese im nun folgenden Teil nochmals aufgegriffen, um wesentliche Zusammenhänge aufzuzeigen. Um uns dabei nicht in Einzelheiten zu verlieren und um Unübersichtlichkeiten zu vermeiden, haben wir eine pragmatische, typologieähnliche Darstellungsweise gewählt. Gelegentlich werden Bezüge zum uVP hergestellt.

Von zentraler Bedeutung ist, dass soziale Probleme einerseits als tatsächlich erfolgte Schäden und andererseits als noch nicht eingetretene, aber potenziell vorhandene Schäden thematisiert werden. Wie wir sehen werden, ist diese Unterscheidung bei der Verwirklichung des VP relevant, hängt doch die Beurteilung der Zumessung von Verantwortung an Verursacher davon ab, wie der soziale Schaden definiert wird.

Wir werden dabei soziale Probleme immer aus der Optik der direkt Schadensbetroffenen beurteilen. Aus dieser Sicht können Einwirkungen, die zu einer sozialen Problematik führen, in zwei Hauptkategorien unterteilt werden: in Eigen- und in Fremdeinwirkungen.

— Bei *Eigeneinwirkung* oder *Selbstschädigung* verursacht eine Person Probleme bei sich selbst. Verursacher und Schadensbetroffener sind primär identisch. Die Betroffenen werden «Opfer ihrer eigenen Handlungen». Bei Selbstschädigung, so z.B. bei übermäßigem, risikoreichem Alkoholkonsum, entstehen sekundär aber auch Externalitäten, etwa wenn die Behandlung des Schadens Dritten zur Last fällt oder wenn Folgeprobleme wie Unfälle oder Gewaltdelikte generiert werden, die ebenfalls Dritte belasten.

— Bei *Fremdeinwirkung* oder *Fremdschädigung* verursachen Dritte die Probleme der Schadensbetroffenen. Aus Sicht der direkt Betroffen erfolgen Schadenseinwirkungen gewissermaßen «von außen». Verursacher und Betroffene sozialer Probleme sind primär unterschiedliche Akteure. Fremdschädigung gilt *per se* als negative Externalität, denn die Lasten fallen bei Dritten an, in diesem Fall bei den Schadensbetroffenen und nicht beim Verursacher selbst.

Ähnlich wie Umweltprobleme zeichnen sich soziale Probleme durch multiple Ursachenzusammenhänge und komplexe Verursacherketten aus. Schädigende Einflüsse können auf verschiedenen gesellschaftlichen Ebenen angesiedelt werden: Sie entstammen individuellen und zwischenmenschlichen Handlungen auf der Mikroebene, lassen sich auf der Mesoebene der Organisationen ansiedeln (z.B. soziale Dienstleistungsorganisationen als Verwaltungs- und Entmündigungsagenturen) oder können der Makro- bzw. der Strukturebene gesellschaftlicher Systeme zugeordnet werden (Wirtschaftssystem, politisches oder soziales System bzw. Sozialstruktur einer Gesellschaft u.a.). Zudem beeinflussen auch Faktoren auf der Metaebene, im ideologischen Überbau, die Entstehung sozialer Probleme (kulturelle, ideologische Einflüsse; Einwirkungen übergreifender Norm- und Wertstrukturen).

Das VP orientiert sich einerseits an *tatsächlichen Schäden,* an bereits vorhandenen sozialen Problemen. Andererseits können diese in Form eines Risikos bereits als potenzielle Schäden erkannt werden, wenn der Schadensfall noch gar nicht eingetroffen ist. Die Übernahme von Verantwortung für soziale Probleme steht bereits beim *potenziellen Schaden* zur Debatte. Ob die Verantwortung für einen sozialen Schaden Verursachern zugemessen werden kann, hängt davon ab, ob einem sozialen Problem eine Risiko- oder Gefahrensituation zugrunde liegt.

Risiken

Soziale Risiken werden dadurch definiert, dass sie, zum Beispiel durch Vorkehrungen und Wahrscheinlichkeitskalküle, bestimmbar und kalkulierbar sind. Sie sind handlungsabhängige Unsicherheiten, die von Menschen in Kauf genommen werden, und können *immer* auf menschliches Verhalten und somit auf Akteure, Individuen oder Organisationen, zurückgeführt werden. Die Verantwortung für Risiken, d.h. für potenzielle negative Folgen, kann deshalb durch Institutionen der Zurechnung von Haftung und Vorsorge Verursachern zugeteilt werden.[115]

Gefahren

Gefahren sind hingegen nicht durch menschliches Handeln zu beeinflussen und zu steuern. Schäden, die an eine Gefahrensituation gekoppelt sind, stammen nicht aus bestimmten Entscheidungen und können nicht abgewogen oder verhandelt werden. Sie müssen als Produkte des Zufalls oder außergesellschaftlicher Mächte und Einflüsse im Sinne höherer Gewalt betrachtet werden (z. B. Geburtsgebrechen, Alterungsprozess im Sinne eines biologischen Zerfalls,

Darstellung 7
Potenzieller oder tatsächlicher Schaden

Tatsächlicher Schaden		Potenzieller Schaden	
Im Ursprung Risiko	Im Ursprung Gefahr	Risiko	Gefahr
Tatsächlicher Schaden ist auf ein Risiko zurückzuführen.	Tatsächlicher Schaden kann nicht auf ein Risiko zurückgeführt werden.	Handlungsabhängige Unsicherheiten, kalkulierbar, bestimmbar, Inkaufnahme, Vorhandensein von Handlungsalternativen	Produkt des Zufalls, außergesellschaftliche Mächte und Einflüsse, höhere Gewalt, nicht kalkulierbar oder bestimmbar, keine Handlungsalternativen vorhanden
➡ s. Risiko	➡ s. Gefahr	Immer auf Menschen/ Organisationen zurückzuführen	Nicht auf Menschen/ Organisationen zurückzuführen
Zumessung der Verantwortung an Verursacher möglich	Keine Zumessung der Verantwortung an Verursacher	Zumessung der Verantwortung an Verursacher möglich	Keine Zumessung der Verantwortung an Verursacher

© Piñeiro/Wallimann

plötzlicher unerklärbarer Tod können soziale Folgeprobleme verursachen). Die Verantwortung für soziale Probleme aus Gefahrensituationen kann deshalb nicht einzelnen Individuen oder Organisationen zugerechnet werden.[116]

Black Box

Als «Black Box» werden Schadenssituationen bezeichnet, deren Verursacher-Sachverhalt unklar oder unbestimmbar ist. Es kann zum Beispiel nicht differenziert werden, ob als Ursache eine Risiko- oder Gefahrensituation vorliegt. Möglicherweise lassen sich auch die Verursacher nicht eindeutig eruieren, weil von einem bestimmten Verursacher losgelöste Faktoren bei der Schadensentstehung entscheidend mitwirken, z. B. bestimmte kulturelle oder ideologische Einflüsse einer Gesellschaft, die nicht eindeutig auf bestimmte Akteure zurückgeführt werden können. Am häufigsten können solche Einwirkungen wohl der Makro- oder Metaebene zugeordnet werden. Unklare, ungenügend differenzierbare Schadensvorgänge, deren Ursachen auf der gesellschaftlichen Makro- oder Metaebene liegen, müssen jedoch von jenen unterschieden werden, die einem (Mit-)Verursacher deutlich zugerechnet werden können. Dies ist dann der Fall, wenn Strukturvorgänge im politischen System, in der Wirtschafts- oder Sozialpolitik maßgeblich von bestimmten Personen oder Organisationen vorangetrieben werden. Es dürfte jedoch schwierig sein, einzelne Verursacher für bestimmte gesellschaftliche Strukturen verantwortlich zu machen, denn diese unterliegen einem komplexen Entstehungsvorgang, der sich zusätzlich noch über einen längeren Zeitraum erstreckt.[117] Trotzdem ist zu bedenken, dass Gruppen oder «Klassen» mit ihren Interessen und den dazugehörenden wirtschaftlichen und politischen Systemen Realität sind und die gesellschaftliche Struktur und Dynamik wesentlich prägen können (Groß- und Kleinkapital, multinationale Konzerne, Militärregimes, große Organisationen usw.).

Verursacher

Belastungen können von verschiedenen Verursachern ausgehen. Im Umweltbereich können Belastungen grundsätzlich in drei Gruppen eingeteilt werden:[118]

— produktionsbedingte Umweltbelastungen;
— Umweltbelastungen durch Konsum (Verwendung von Gütern) oder sonstige private Tätigkeiten;

— Umweltbelastungen aufgrund von Dienstleistungen (gewerblicher Gütertransport, Lagerung usw.).

Weiter stellt sich die Frage, wer in einer *Verursacherkette* jeweils als Verursacher bezeichnet werden kann. REHBINDER[119] hält fest, dass sich die Bestimmung der Verursacher nach der Funktion der Maßnahme zu richten hat, durch die bestimmte umweltschützende Aktivitäten gesteuert werden sollen. Der Verursacherbegriff solle nicht künstlich eingeengt, sondern für das Gestalten von Maßnahmen ausgeweitet werden. Dazu sei der politische Spielraum offen zu halten:

> «*Verursacher ist jeder Rollenträger aus einer konsekutiven Verursachungskette, gegen den abstrakt gesehen staatliche Maßnahmen gerichtet werden können. Das Verursacherprinzip besagt demnach nur, dass die Verantwortlichkeit für die Vermeidung oder Beseitigung einer Umweltbelastung und die Tragung der damit verbundenen Kosten das aus Herstellern und Abnehmern usw. bestehende Subsystem, nicht jedoch das gesamtgesellschaftliche System, d.h. die Masse der Steuerzahler, trifft. Gegen welchen dieser Rollenträger staatliche Maßnahmen tatsächlich gerichtet werden, lässt sich aus dem Verursacherprinzip nicht ohne weitere Überlegungen quasi automatisch ableiten. Das Verursacherprinzip gibt nur die grundlegende Richtung – Belastung des durch Hersteller und KonsumentInnen gebildeten Subsystems, nicht des gesamtgesellschaftlichen Systems – an, bedarf jedoch der Operationalisierung, d.h. konkreter legislativer Ausgestaltung unter politischen Gesichtspunkten, für die ein weiter Spielraum besteht. Die politischen Entscheidungen fallen deshalb nicht so sehr bei der Anerkennung des Verursacherprinzips als bei der Adressierung von Einzelmaßnahmen.*»[120]

Als Verursacher kann sowohl eine einzelne Person als auch eine Gruppe identifiziert werden. Werden Personengruppen oder verschiedene Unternehmen für Umweltbelastungen oder soziale Belastungen verantwortlich gemacht, womit ihnen auch als Kollektiv die Verantwortung zugemessen wird, verwenden wir den Begriff «*Verursachergemeinschaft*». Der kollektive Umgang mit Belastungen wurde bisher unter dem *Gemeinlastprinzip* subsumiert. Anders als bei der *Verursachergemeinschaft* werden beim Gemeinlastprinzip unbeteiligte Dritte bzw. Nichtverursacher für Beeinträchtigungen mitverantwortlich gemacht. Somit lassen sich drei grundlegende Verursachertypen unterscheiden:

1. einzelne Akteure als Verursacher;
2. mehrere Akteure/eine Gruppe als Verursachergemeinschaft und
3. unbeteiligte Dritte/Allgemeinheit als «Quasi-Verursacher».

Beim Verursachertyp «Allgemeinheit» handelt es sich um eine typologisierte Variante, die nicht den *tatsächlichen* Verursacher bezeichnet. Trotzdem wird der Allgemeinheit (im Sinne des *Gemeinlastprinzips*) die Verantwortung bzw. werden ihr die Kosten für Schäden zugemessen. Im Sinne des Verursacherprinzips wird die Allgemeinheit damit zum «Quasi-Verursacher».

Eine Struktur, etwa die Sozialstruktur einer Gesellschaft, kann nicht als Verursacher bestimmt werden.

Darstellung 8
Drei grundlegende Verursachertypen

Einzelne Person/ Organisation	– Mehrere Personen/ Personengruppe – Organisationen/ Organisationengruppe	Einzelne, Gruppen, Organisationen, Allgemeinheit
Verursacher	**Verursachergemeinschaft**	**Allgemeinheit**
Tatsächlicher Verursacher	Tatsächliche Verursacher	Unbeteiligte Dritte/Allgemeinheit als Quasi-Verursacher
Anwendung des VP	Anwendung des VP	Anwendung des Gemeinlastprinzip
Beispielsweise Frau X, Herr Y, eine bestimmte Organisation, eine Interessengruppe oder Gemeinschaft, die Verwaltung einer Gemeinde, bestimmte Intervenierende/ sozial Tätige usw.	Beispielsweise Aggregat der AlkoholkonsumentInnen, Gesamtheit der Kleinkreditfirmen, Gruppe von Anbietern medizinischer Leistungen, Gewalttäter usw.	Dritte, öffentliche Hand

© Piñeiro/Wallimann

Abgrenzung Verursacher – Nichtverursacher im politischen System

Erhebliche Schwierigkeiten ergeben sich bei der Unterscheidung im politischen System zwischen Verursachern, die *direkt* einwirken (politische Exekutive), und potenziellen Mitverursachern, die indirekt in Verbindung mit strukturellen Gesellschafts- oder Wirtschaftsbedingungen stehen, welche Schaden zulassen (politische Legislative). Letztere können «als politisch legitimierte Vertreter» einer Gesellschaftsordnung betrachtet werden, welche die gesellschaftlichen (politischen, rechtlichen) Rahmenbedingungen prägen, in denen eine Schadensverursachung eher ermöglicht oder eher verhindert wird. Wer aber kann in einer hoch technisierten, globalisierten, politisch und sozial komplexen Gesellschaft noch für eine bestimmte Ordnung, für die Rahmenbedingungen einer Gesellschaft verantwortlich gemacht werden? Ist es denkbar, im Hinblick auf Struktur und Dynamik einer Gesellschaft ein politisches, wirtschaftliches oder soziales Subsystem – bzw. dessen Akteure und Vertreter – von einem gesamtgesellschaftlichen System zu unterscheiden und dieses Subsystem als «strukturellen Nährboden sozialer Schäden» zur Verantwortung zu ziehen? Oder soll die Gesamtheit aller politischen Akteure und Stimmberechtigten z. B. dafür verantwortlich gemacht werden, dass sie keinen Widerstand gegen «schädigende» Rahmenbedingungen leisten? Das Bestimmen von Verursachern verliert hier an Konturen und scheint, so gesehen, kaum mehr durchführbar. Hinsichtlich der Einwirkungen auf politische und rechtliche Rahmenbedingungen einer Gesellschaft ist es allerdings sinnvoll, zwischen der *politischen Legislative* und der *politischen Exekutive* zu unterscheiden.

Bei der *politischen Legislative* (Parlament/Parteien, stimmberechtigtes Volk) kann davon ausgegangen werden, dass sie *bloß indirekt* durch die Entwicklung gesellschaftlicher und politischer Rahmenbedingungen auf das Ausmaß sozialer Schäden Einfluss nimmt. Über die politische Legislative gestalten die Gesellschaftsmitglieder mit Stimm- und Wahlrecht und ihre VertreterInnen lediglich die Rahmenbedingungen einer möglichen Schadensverursachung. Deshalb betrachten wir hier, ähnlich wie im Umweltbereich, Akteure der politischen Legislative als Nichtverursacher.

Bei der *politischen Exekutive* beurteilen wir die Verursacherfrage anders. Die politische Exekutive wird durch die öffentliche Verwaltung auf Bundes-, Kantons- und Gemeindeebene verkörpert. Diese Instanzen (bzw. Personen) sind *ausführende Organe*, die über einen gewissen Spielraum verfügen, *direkt* auf Schadensverursachungen Einfluss zu nehmen. In der Umsetzung und Durchführung der durch die Legislative gestalteten Rahmenbedingungen besitzt die politische Exekutive Handlungsspielraum: Sie kann Aufgaben mehr oder weniger konsequent angehen oder vielleicht sogar vernachlässigen und dadurch einen sozialen Schaden mitverursachen. Zudem kann sie (auch unbeabsichtigt) durch gewisse Interventionen selbst Schaden anrichten. Deshalb ist es möglich, einzelne Akteure der politischen Exekutive als Verursacher zu identifizieren. Auch lassen sich diese Akteure eindeutig bezeichnen, weil ihre Aufgabenfelder meist klar definiert sind. Sie können folglich für ihr Handeln oder Nichthandeln als Verursacher verantwortlich gemacht werden.

Darstellung 9

Verursacher im politischen System auf der Ebene der gesellschaftlichen Rahmenbedingungen/Gesellschaftsordnung: Politische Exekutive und Legislative

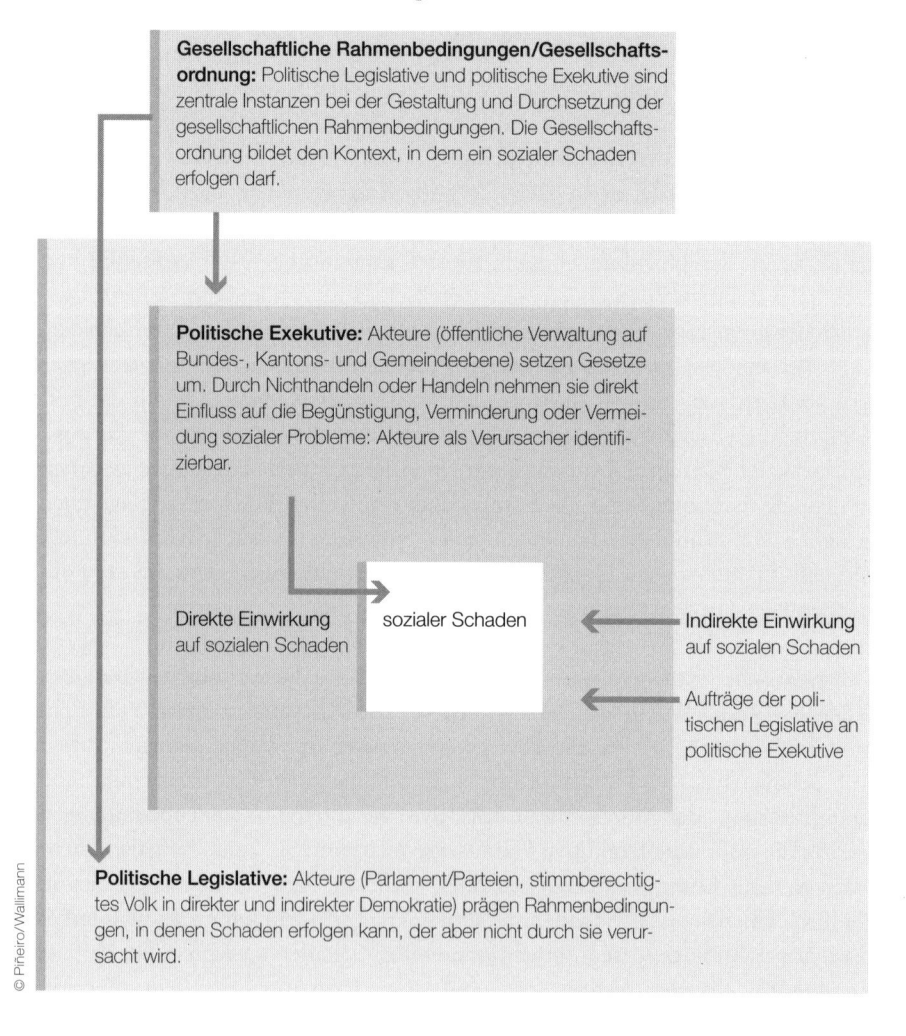

Gesellschaftliche Rahmenbedingungen/Gesellschaftsordnung: Politische Legislative und politische Exekutive sind zentrale Instanzen bei der Gestaltung und Durchsetzung der gesellschaftlichen Rahmenbedingungen. Die Gesellschaftsordnung bildet den Kontext, in dem ein sozialer Schaden erfolgen darf.

Politische Exekutive: Akteure (öffentliche Verwaltung auf Bundes-, Kantons- und Gemeindeebene) setzen Gesetze um. Durch Nichthandeln oder Handeln nehmen sie direkt Einfluss auf die Begünstigung, Verminderung oder Vermeidung sozialer Probleme: Akteure als Verursacher identifizierbar.

Direkte Einwirkung auf sozialen Schaden → sozialer Schaden ← Indirekte Einwirkung auf sozialen Schaden

← Aufträge der politischen Legislative an politische Exekutive

Politische Legislative: Akteure (Parlament/Parteien, stimmberechtigtes Volk in direkter und indirekter Demokratie) prägen Rahmenbedingungen, in denen Schaden erfolgen kann, der aber nicht durch sie verursacht wird.

© Piñeiro/Wallimann

Kausalität

An der Frage nach einem kausalen Zusammenhang zwischen Verursachern und Schaden entzünden sich die schärfsten Auseinandersetzungen, denn nicht immer gelingt es, einem Verursacher einen Schaden eindeutig zuzuordnen. Kausale Beziehungen und Kausalitätsketten gestalten sich oft in komplexer Weise. Ursache-Folge-Wirkungen lassen sich in einem undurchschaubaren Netz von Aktivitäten und Akteuren oft nicht eindeutig genug entflechten. Trotzdem wird *juristisch* die Verantwortung Einzelnen oder Organisationen aufgrund eines ermittelten Kausalzusammenhangs zugerechnet. Das Handeln oder Nichthandeln eines Verursachers wird ursächlich mit etwas Verursachtem in Verbindung gebracht.[121] *Verursacher* ist «derjenige, der eine Ursache für etwas gesetzt hat, dessen Handeln oder Unterlassen mithin ursächlich und damit kausal ist».[122]

Es wurde bereits erwähnt, dass eine komplexitätsreduzierende Betrachtungsweise der kausalen Abfolgen von problemproduzierenden Aktivitäten Voraussetzung dafür ist, dass Verantwortung Verursachern zugemessen werden kann. Diese Reduktion kommt durch Wertung zustande, weshalb von der *durch Wertung gewonnenen Kausalität* gesprochen wird. REHBINDER[123] bezeichnet die mit der Durchsetzung des VP zusammenhängende Reduktion komplexer Verursachungsketten als problemadäquat. Zwar sei die Umweltproblematik als Resultat komplexer, kumulativer Kausalitäten im Rahmen einer industriellen Konzentration und Urbanisierung in Ballungsgebieten zu verstehen, die rechtliche Kausalität «im Sinne der Aussonderung eines bestimmten Bereichs der Verursacherkette» sei jedoch «sachgerecht, weil sie die Aufmerksamkeit auf die Rolle bestimmter Personen bei der Beeinflussung des Geschehensablaufs und damit auf zweckgerichtetes Verhalten lenkt».[124]

FRENZ[125] unterscheidet zwischen *natürlicher* und *durch Wertung gewonnener Kausalität*. Folgende Aspekte sollten hierbei berücksichtigt werden:

— Nach der *natürlichen Kausalität* ist Tun oder Unterlassen eines Verursachers die natürliche Ursache für bestimmte Folgen. Kommen mehrere Ursachen in Betracht, so stellt sich die Frage, welche davon relevant sind. Zudem stellt sich die Frage, wie weit eine relevante Ursache zurückliegt. So kann etwa im Umweltbereich die Ursache für den anfallenden Müll erst bei seinem eigentlichen Anfallen (bei KonsumentInnen) oder bereits beim Vertrieb oder gar bei der Produktion des Produkts, das zum Abfall wird, geortet werden. An welcher Stelle die Ursache von Abfall gesehen wird, ist keine Frage der natürlichen Kausalität, sondern ein Wertungsproblem. Ganz ähnlich verhält es sich bei sozialen Problemen.

— Eine Ursache kann *wahrscheinlich*, jedoch nicht *sicher* sein. Es stellt sich die Frage, ab welchem Maß an Wahrscheinlichkeit eine Ursache relevant wird. Lässt sich eine natürliche Ursache nicht eindeutig feststellen, so kann diese wiederum nur durch Wertung festgelegt werden.

Natürliche Kausalität kann oft nicht etabliert werden. Deshalb bedarf es bei der Bestimmung des Verursachers eines *wertenden Vorganges*.[126] Natürliche Kausalität wird in diesem Fall durch wertende Betrachtungen modifiziert und «nicht alleine durch Berücksichtigung eines technischen Standards gewonnen».[127] Kausalität beruht hier «auf der Geltung von bereits etablierten Grundsätzen und Regeln».[128]

Zumessung der Verantwortung

Entsprechend dem uVP soll auch in der Sozialpolitik das VP als allgemeine Maxime der «Sozialverantwortlichkeit» bezeichnet werden. Grundsätzlich soll mit dem VP einem Verursacher Verantwortung zugerechnet werden. Dem umweltpolitischen Konzept von Verantwortung entnehmen wir, dass diese in eine finanzielle und inhaltlich-konkrete Verantwortung unterschieden wird. Beide Verantwortungstypen sollen auch hinsichtlich des soVP Berücksichtigung finden, sie werden hier nochmals aufgegriffen.

— *Das VP als inhaltlich-konkretes Verantwortlichkeitsprinzip* misst Verursachern konkrete, inhaltliche Verantwortlichkeit zu. Es geht um die Zurechnung von Handlungs- und Unterlassungspflichten an die Verursacher, um die «tatsächliche» Vermeidung, Verminderung oder Beseitigung von sozialen Belastungen und Problemen.
— *Das VP als Kostenzurechnungsprinzip* misst Verursachern finanzielle Verantwortlichkeit zu. Es geht um die Zurechnung von Sozialkosten, die aus Vermeidung, Verminderung oder nachträglicher Beseitigung von sozialen Problemen entstehen. Diese sollen auf die Verursacher abgewälzt werden.

Wie die Ermittlung von Kausalität unterliegt auch die Zurechnung von Verantwortung an bestimmte Akteure für die Folgen ihres Tuns einem wertenden Vorgang. Zentral ist dabei die Frage, weshalb in einer bestimmten Situation Verantwortung entsteht. In diesem Zusammenhang spielen Fragen korrekten Handelns oder das Erfüllen einer Sollanforderung eine Rolle. So kann nur jemand für einen Schaden verantwortlich gemacht werden, den er hätte vermeiden können.[129] Folglich beruhen die wesentlichen Argumente für die Zurechnung von Verantwortung an Verursacher auf die handlungsabhängige, kalkulierte Inkaufnahme eines Risikos.

Die Anwendung des VP erfolgt durch die Rechtsordnung, im *Umweltbereich* auf der Basis der Umweltschutzgesetzgebung. Wer beispielsweise als Verursacher zu identifizieren ist oder wem welche Nutzungsrechte für Umweltgüter zugeteilt werden, ist in der konkreten Situation eine Frage der Rechtsordnung.[130] Nach FRENZ[131] ist das VP als rechtspolitisches Prinzip des Umweltrechts allgemein anerkannt. Die bereits betrachteten wirtschaftswissenschaftlichen Zusammenhänge (Zumessung der Sozialkosten an Verursacher) bilden die Grundlage, auf der die juristische Umsetzung des VP erfolgen kann.

Das Verhältnis zwischen Verursacher und Verantwortung (Zurechnung von Verantwortung) kann nach FRENZ[132] in verschiedene Richtungen laufen, wobei von folgender Frage ausgegangen wird: «Ist die Verantwortung die Folge der Verursachereigenschaft, oder wird man Verursacher dadurch, dass man Verantwortung trägt?»[133] Die erste Auffassung, dass Verantwortung die *Folge der Verursachereigenschaft* ist, geht davon aus, dass diejenigen, die Verantwortung für umweltbeeinträchtigende Aktivitäten tragen, diese auch verursacht haben.[134] Dies ist die gängige Auffassung des VP.[135]

Darstellung 10
Verantwortung als Folge

| **Verursacher** = verursachter Schaden und Kosten | → führt zu → | Zumessung von Verantwortung |

© Piñeiro/Wallimann

Verantwortung kann der Verursachereigenschaft jedoch auch vorgelagert werden, obwohl die Person, der die Verantwortung (rechtlich) zugemessen wird, (noch) nicht Verursacher im eigentlichen Sinne ist. Die Zumessung der Verantwortung für einen potenziell eintreffenden Schaden wird hier als *Grund* betrachtet, weshalb jemand als Verursacher angesehen wird. Die Verursachereigenschaft beruht damit auf einer vorgelagerten, vorgängig definierten und einer konkreten Situation zugerechneten Verantwortung. Verantwortung entspricht damit der bestimmten Pflicht eines potenziellen Verursachers, was die «Inanspruchnahme einer Person(engruppe) als Verursacher verlangt».[136]

Das VP kommt in diesem Fall aufgrund einer zugeschriebenen Verantwortung bereits zum Tragen, obwohl noch kein Schaden vorliegt. Die Verursachereigenschaft wird vorsorglich festgelegt. Im Sinne einer inhaltlich-konkreten Verantwortung sollen potenzielle Verursacher Vorkehrungen treffen, damit ein potenzieller Schaden vermieden, vermindert oder nachträglich behoben werden kann, auch wenn dieser Schaden noch nicht eingetroffen ist.

Darstellung 11
Verantwortung als Grund

Vorgelagerte Zuweisung von Verantwortung aufgrund eines zu erwartenden Schadens oder einer Risikoeinschätzung	⇒ führt zu ⇒	**Verursachereigenschaft** = vorsorgliche Bestimmung des Verursachers

© Piñeiro/Wallimann

Darstellung 12
Zumessung der Verantwortung – Gesamtübersicht

Schadensqualität

Tatsächlicher Schaden		Potenzieller Schaden
⬇	Problemlage	⬇
Risiko (oder Schaden)	Black Box	Gefahr
– Handlungsabhängiges Risiko (Unsicherheiten) – Kalkulierbar, bestimmbar – Inkaufnahme – Vorhandensein von Handlungsalternativen	– Graubereich, Verursachung ist nicht klar zuzuordnen, unklarer Vorgang oder Sachverhalt bei Verursachung – Hohe Komplexität mit unklaren Wirkungszusammenhängen	– Produkt des Zufalls, außergesellschaftliche Mächte und Einflüsse im Sinne höherer Gewalt – Nicht menschlich kalkulierbar oder bestimmbar – keine Handlungsalternativen vorhanden
⬇	⬇	⬇
Auf Menschen/Organisationen zurückzuführen	Nicht eindeutig oder alleinig auf Menschen/Organisationen/Gemeinschaften zurückzuführen	Nicht auf Menschen/Organisationen zurückzuführen

Verursacher

Tatsächlicher/potenzieller Verursacher	Black Box	Nichtverursacher
– Einzelne Person/Organisation – Verursachergemeinschaft (mehrere Personen/Personengruppe; Verschiedene Organisationen) – Politische Exekutive	– Unklare Wirkungszusammenhänge – Verursacher nicht eindeutig eruierbar – Häufig Einwirkungen auf der Makro- und Metaebene; bestimmte Einflüsse von Kultur, Ideologie, Wirtschaftsstruktur, Politik, Sozialstruktur usw., die nicht eindeutig auf Akteure zurückgeführt werden können	– Keine menschliche Beteiligung = kein Verursacher involviert

Fortsetzung ➤

© Pinheiro/Wallimann

Darstellung 12
Fortsetzung

Kausalität

Durch Wertung gewonnene Kausalität	Unklarer Kausalzusammenhang	Kein Kausalzusammenhang
– Verursacher und (potenzieller) Schaden können durch Bewertung des Vorganges in Beziehung gebracht werden (Frage der Beurteilung von Hierarchie von Wahrscheinlichkeiten)	– Unklare Verursachung – Unklarer Verursacher	– Kein Verursacher

Zumessung der Verantwortung

Zumessung der finanziellen oder inhaltlich-konkreten Verantwortung – als Folge der Verursachereigenschaft oder – als Grund der Verursachereigenschaft	– Unklare Grundlage für (rechtliche) Zumessung	– Keine Grundlage für (rechtliche) Zumessung
Zumessung der Verantwortung an Verursacher möglich	Keine eindeutige oder unmittelbare Zumessung der Verantwortung an Verursacher möglich	Keine Zumessung der Verantwortung an Verursacher möglich
⬇	⬇	⬇
Verursacherprinzip	Unklar	Gemeinlastprinzip

© Piñeiro/Wallmann

Varianten des sozialpolitischen Verursacherprinzips

Die *Ausgleichsfunktion des VP* hebt primär die ökonomische Umverteilung hervor: Sollten aus sozialen Problemen Sozialkosten entstehen, so müssen diese gerecht *(Gerechtigkeitsprinzip)* verteilt werden, indem sie Verursachern angelastet werden. Dasselbe gilt für jegliche Aufwendungen, die mit der Vermeidung oder Verminderung von sozialen Problemen zusammenhängen *(Vermeidungskosten)*. In diesem Sinne gilt das VP als *Kostenzurechnungsprinzip* und dient der Internalisierung negativer externer Effekte und Kosten. Mit dem VP wird eine höchstmögliche «Geschlossenheit des Marktmechanismus» angestrebt,[137] womit ein sozialökonomisches Optimum erreicht werden soll.

Die Kostenzurechnung an Verursacher hat zugleich einen positiven Sekundäreffekt, denn sie stellt für Verursacher einen Anreiz dar, soziale Probleme und ihre Folgekosten möglichst zu vermeiden *(Anreizfunktion)*. Mit dem Anreiz zur «Problemvermeidung» *(Vorsorgeprinzip)* soll im weitesten Sinne ein Optimum an menschlichem Wohlergehen erreicht werden. Da mit Anreizen bewusst menschliches Verhalten gesteuert werden soll, erscheint das VP auch als Instrument der sozialen Kontrolle.

Die einzelnen VP-Varianten können direkt aus dem umwelt- in den sozialpolitischen Bereich transferiert w¥erden. In Analogie zum Umweltbereich können auch im sozialpolitischen Bereich verschiedene Kostenzurechnungsvarianten und inhaltlich-konkrete Varianten des VP genannt werden. Ferner können diese Varianten einer eher vorsorgenden oder nachsorgenden VP-Politik zugeordnet werden.

Varianten der Kostenzurechnung

Variante 1 Anlastung der Vermeidungs- bzw. Präventionskosten
   Dem Verursacher werden hier nur die mit der Erfüllung von Auflagen verbundenen Vermeidungskosten angerechnet (z.B. Arbeitslosengeld).

Variante 2 Anlastung der Vermeidungskosten und der sozialen Zusatzkosten
   Dem Verursacher werden nebst den Vermeidungskosten auch die Kosten, die aus sozialen Folgeproblemen entstehen, angerechnet (z.B. Arbeitslosengeld und Gesundheits-, Justiz- und soziale Integrationskosten).

Variante 3 Soziale Problemverursachung gegen Entgelt
Der Verursacher bezahlt eine politisch festgesetzte Abgabe an den «Staat» dafür, dass er Mindeststandards sozialer, psychischer und physischer Gesundheit und Integrität (die in diesem Fall also als knappe öffentliche Güter verstanden werden) verletzen bzw. solche Ressourcen abbauen darf, wie sie von Menschen für ihre Bedürfnisse und ihr Wohlergehen benötigt werden (Beschäftigung, Freizeit- und Erholungsmöglichkeiten, intakte Umwelt, soziales Sicherungssystem usw.).

Bezahlung eines Marktwertes *für «Rohstoffe menschlichen Wohlergehens» und für individuelles/gesellschaftliches Kapital*
Der Verursacher bezahlt einen über den Markt regulierten Preis (z.B. in Form von handelbaren Zertifikaten) dafür, dass er soziale, psychische und physische Ressourcen nutzen/beeinträchtigen bzw. abbauen darf, wie sie von Menschen für ihre Bedürfnisse und ihr Wohlergehen benötigt werden.

Inhaltlich-konkrete Varianten

Variante 1 Verminderung von sozialen Beeinträchtigungen/Problemen und Risiken durch die Verursacher

Variante 2 Vermeidung von sozialen Beeinträchtigungen/Problemen und riskantem Handeln durch die Verursacher

Variante 3 Nachträgliche Beseitigung von sozialen Beeinträchtigungen/Problemen durch die Verursacher

Formen der Anwendung des sozialpolitischen Verursacherprinzips

Allgemeine Anwendungsformen

Im nun folgenden Teil wird eine Auswahl erprobter Maßnahmen und Instrumente der Anwendung des VP im Umweltbereich direkt auf den sozialpolitischen Bereich transferiert. In diesem Zusammenhang spricht REHBINDER[138] von einer *instrumentalen Funktion des VP*.[139] Wir haben bereits gesehen, dass analog zum Umweltbereich auch in der Sozialpolitik zwei fundamentale Kategorien von Maßnahmen unterschieden werden können: *Vorsorgende Maßnahmen* (Prävention/ Gesundheitsförderung) und *nachsorgende Maßnahmen* (Problembearbeitung). Im Rahmen dieser übergeordneten Varianten kommen verschiedene sozialpolitische Strategien zur Anwendung, die analog zum Umweltbereich als *freiwillige, marktwirtschaftlich orientierte* und *polizeirechtliche*[140] *Strategien des Sozialbereichs* bezeichnet werden. Diese verschiedenen Strategien umfassen wiederum eine Vielzahl von Einzelmaßnahmen. Im Rahmen des VP stellt sich bei jeder Maßnahme die Frage, wer diese durchführt und/oder finanziert. Die Anwendung des VP ist auf zwei Arten denkbar:

— Erstens in Form eines *VP-Korrektivs bei bereits bestehenden sozialstaatlichen Maßnahmen*: Hierbei werden die bestehenden Maßnahmen der sozialen Sicherheit (u.a. Sozialversicherungen) nach dem VP ausgestaltet.
— Zweitens die Entwicklung *spezifischer, neuer VP-Maßnahmen*, die primär die Zurechnung der Sozialkosten an die Verursacher bezwecken. Diese Maßnahmen setzen Kosten voraus, die von den Verursachern getragen,

oder Maßnahmen, die von ihnen durchgeführt werden sollen, zum Beispiel die Verteuerung von psychischen, physischen oder sozialen Beeinträchtigungen mit sozialen Folgeproblemen, Vorschriften zur Einhaltung bestimmter «sozialer Emissionswerte» oder Sozialkostenabgaben.

Darstellung 13
Kategorisierung sozialpolitischer Varianten, Strategien und Maßnahmen[141]

1. Ebene – Varianten sozialpolitischer Maßnahmen

1a Vorsorgende Maßnahmen
1b Nachsorgende Maßnahmen

⬇

2. Ebene – sozialpolitische Strategien[142]

Freiwillige Strategien	Aktuelle Strategien des Sozialbereichs (technisch-planerische Strategien[143])	Polizeirechtliche Strategien	Marktwirtschaftliche Strategien
z.B. freiwilliges Unterlassen sozialschädigender Aktivitäten Finanzielle und inhaltlich-konkrete Verantwortung durch Verursacher freiwillig wahrgenommen	z.B. Staat lässt schädigendes Verhalten zu, versucht jedoch Beeinträchtigungen entgegenzuwirken, indem er Maßnahmen ergreift: nachträgliche Maßnahmen der Sozialen Arbeit, Sozialversicherungen, präventive Vorkehrungen bzw. Förderung von Prävention und Gesundheitsförderung usw.	z.B. Gebote, Verbote, Auflagen (durch Staat erzwungen)	z.B. Internalisierung externer Kosten, Regulierung durch Verteuerung von beeinträchtigenden Aktivitäten

⬇

3. Ebene – sozialpolitische Instrumente/Einzelmaßnahmen

3a Allgemeine sozialpolitische Maßnahmen: sind mit dem VP verknüpfbar (VP-Korrektiv)
3b Spezifische Maßnahmen der Anwendung des VP: neu entwickelte VP-Maßnahmen

Verursacherprinzip als Korrektiv

Eine Gegenüberstellung von aktuell gebräuchlichen sozialpolitischen und umweltpolitischen Maßnahmen würde wahrscheinlich ergeben, dass am häufigsten Maßnahmen der technisch-planerischen Art zur Anwendung kommen. Bei diesem Ansatz spielt der Staat eine zentrale Rolle. Er lässt schädigendes Verhalten zu, versucht aber einem Schaden nachträglich entgegenzuwirken. Im Umweltbereich wird dieser Ansatz auch «*End-of-Pipe*-Ansatz» genannt. Dabei werden Umweltschäden verhindert, oder es wird ihr Ausmaß reduziert, etwa durch die Reinigung von Schadstoffen (z.B. in Kläranlagen oder in der Kehrichtverbrennung), durch die Senkung von externen Kosten mithilfe gewisser Vorkehrungen oder durch die Förderung neuer Produkte und Produktionsprozesse mit geringeren Umweltbelastungen und die Entwicklung neuer Entsorgungstechnologien.[144]

Oftmals übernimmt die öffentliche Hand entsprechend dem Gemeinlastprinzip die Sozialkosten. Dem könnte entgegengewirkt werden, indem die Finanzierung nach dem VP gestaltet wird, wobei Kostenverursacher noch zusätzlich einen Anreiz hätten, ihr Verhalten so zu ändern, dass weniger Probleme entstehen. Dies gilt sowohl für den Umweltbereich wie für den sozialen Bereich.

Sozialversicherungen

Die Umgestaltung der Sozialversicherung nach dem VP erfordert zwei zentrale Maßnahmen:

— Erstens müssen bei bereits Versicherten mit (überdurchschnittlich) riskantem Verhalten die Versicherungsbeiträge (Prämie, Franchise, Selbstbehalt, Bußen usw.) und die Versicherungsleistungen adäquater ausgestaltet werden.
— Zweitens müssen Nicht-Versicherungsteilnehmer, die jedoch (Mit-)Verursacher eines Problems sind, an der Finanzierung der Sozialversicherungen beteiligt werden. Sie könnten zum Beispiel einen entsprechenden Versicherungskostenanteil übernehmen, indem die Sozialversicherungen «verursacherorientierten Regress» ausüben. Weiter wäre denkbar, dass Verursacher ein soziales Risiko oder einen Schaden, den sie anderen gegenüber verursachen, versichern müssten.[145] Damit würde sich teilweise der Versichertenkreis und die Prämieneinnahmen einer Sozialversicherung entsprechend ausweiten.

Sozialhilfe

Ähnlich wie bei der Sozialversicherung ließen sich auch Sach-, Geld- und Dienstleistungen der Sozialhilfe durch Verursacher (mit-)finanzieren. Natürlich wäre dies bei den Adressaten der Sozialhilfe selbst nicht durchführbar. Verursacher sozialer Probleme, welche die Inanspruchnahme der Sozialhilfe erforderlich machen, bilden jedoch einen wichtigen Verursacherkreis. Der Sozialhilfebezüger muss dabei nicht mit dem Verursacher des sozialen Problems identisch sein. Der erweiterte Verursacherkreis müsste mit adäquaten Mitteln in die Verantwortung gezogen werden.[146] Dadurch würde die öffentliche Hand, die den Bereich der Sozialhilfe größtenteils finanziert (Steuergelder), entlastet.

Prävention/Gesundheitsförderung

Um sozialen Risiken bzw. Problemen vorzubeugen, trifft der Staat verschiedene Vorkehrungen. Diese *Präventionsmaßnahmen* oder *Maßnahmen der Gesundheitsförderung* werden heute von der öffentlichen Hand finanziert (Steuergelder). Gemäß den vorangegangenen Ausführungen im Bereich der Sozialversicherung und Sozialhilfe könnten aber auch in diesem Bereich die Vermeidungskosten den Verursachern angelastet werden.

Entwicklung neuer Verursacherprinzip-Instrumente

Die folgenden Ausführungen konzentrieren sich auf zwei Typen von Maßnahmen, wie wir sie aus dem Umweltschutzbereich kennen: polizeirechtliche und marktwirtschaftliche Maßnahmen. Freiwillige Strategien interessieren in der VP-Diskussion kaum. Technisch-planerische Strategien entsprechen heutigen Strategien im Sozial- und Gesundheitsbereich. Im Folgenden werden zuerst die notwendigen Grundlagen aus dem Umweltbereich herangezogen, um in einem Folgeschritt die Maßnahmen auf den sozialpolitischen Bereich zu übertragen.

Umweltpolitik

Polizeirechtliche VP-Maßnahmen (Gebote, Verbote und Auflagen) sollen Produzenten und KonsumentInnen zu umweltgerechtem Verhalten bewegen bzw. verpflichten. Aufgrund von Umweltanalysen legt der Staat bestimmte *Immis-*

sionsgrenzwerte fest. Diese Grenzwerte bilden quantitative Zielvorgaben, die für die Umweltverträglichkeit/Nachhaltigkeit relevant sind. Eine festgelegte Umweltqualität wird erreicht, wenn ein zuvor festgelegter Grenzwert eingehalten wird (z.B. für Ozonwerte, CO_2-Werte usw.). Somit müssen bestimmte Emissionen, beispielsweise Abgaswerte von Autos, mittels Konsum- und Produktionsvorschriften beschränkt werden. Mit diesen direkten Eingriffen wird Umweltschutz sozusagen erzwungen. Folgende Maßnahmen werden dafür eingesetzt:[147]

— *Gebote:* staatliche Vorschriften, die zu Vorkehrungen zum Schutze der Umwelt *verpflichten* (z.B. Abgaskontrolle beim Auto);
— *Verbote:* Umweltschädigende Tätigkeiten werden unterbunden (Autos werden z.B. aus dem Verkehr gezogen, wenn sie bestimmte Emissionsgrenzwerte für Luftschadstoffe oder Lärm überschreiten);
— *Auflagen:* Damit sind Bedingungen gemeint, die erfüllt sein müssen, um eine Tätigkeit ausführen zu dürfen (bei Neubauten müssen z.B. bestimmte Wärmeisolationsvorschriften eingehalten werden).

Polizeirechtliche Maßnahmen richten sich primär an (tatsächliche oder potenzielle) Verursacher. Die aus diesen Maßnahmen entstehenden Kosten müssen wenn immer möglich von den Verursachern getragen werden; so z.B. die Kosten für die Reduktion von Schadstoffen aufgrund staatlicher Auflagen (Verwendung neuer, umweltfreundlicher Technologien), Einkommensverluste aufgrund von Verboten oder Kosten aus Mengenbeschränkungen usw.

Wird der Akzent auf *marktwirtschaftlich orientierte VP-Maßnahmen* gelegt, so verlässt man sich offensichtlich auf die Hypothese, dass Umweltschutz am wirksamsten ist, wenn er die Interessen von KonsumentInnen und Produzenten berücksichtigt. Außerdem soll sich Umweltschutz für den Einzelnen wirtschaftlich lohnen. FREY führt vier Möglichkeiten von marktwirtschaftlichem Umweltschutz an:

— «1. die Anlastung der durch Umweltbelastungen verbundenen externen Kosten an die Verursacher,
— 2. die staatliche Verhaltensbeeinflussung der Wirtschaftssubjekte durch Verteuerung umweltschädigender Aktivitäten,
— 3. die Schaffung von und der Handel mit Verschmutzungsrechten und
— 4. staatliche Zahlungen zur Förderung umweltkonformen Verhaltens».[148]

Diesen Maßnahmen ist gemeinsam, dass gegen umweltschädigende Aktivitäten nicht mit gesetzlichen, sondern mit ökonomischen Methoden vorgegangen wird. Primär fokussieren die Ansätze:

— auf Verursacher, welche die Kosten für umweltschädigendes Verhalten zu tragen haben (Internalisierung externer Kosten);
— auf die Regulierung umweltschädigenden Verhaltens durch dessen Verteuerung oder entsprechende Belohnung bei umweltschonendem Verhalten.

Sozialpolitik

Polizeirechtliche VP-Maßnahmen sind im sozialpolitischen Bereich ohne weiteres denkbar und kommen bereits zur Anwendung (ArbeitnehmerInnenschutz: z.B. Nachtarbeitsverbot; Gesundheitsbereich: z.B. Ausschankverbot gebrannter Wasser an unter 18-Jährige). Für die finanziellen Folgen und für die praktische Anwendung dieser Maßnahmen sind die Verursacher verantwortlich zu machen.

Marktwirtschaftlich orientierte VP-Maßnahmen sind auch im sozialpolitischen Kontext denkbar und werden ansatzweise bereits diskutiert.[149] Grundsätzlich existieren dafür verschiedene Möglichkeiten:

Sozialkostenabgaben: Für riskantes Verhalten mit potenziellen Folgeschäden sollen Verursacher die Verantwortung übernehmen, indem sie für die anfallenden Sozialkosten aufkommen; so zum Beispiel für die Bereitstellung riskanter Güter mit sozial schädlichen Auswirkungen, wie Alkohol oder Tabak.

Diese Maßnahme kann mittels *Besteuerung* eines bestimmten Verhaltens oder über entsprechende *(Sozialkosten-)Abgaben*[150] umgesetzt werden.[151] Beispiele einer Sozialkostenabgabe sind etwa: verbrauchsabhängige Sozialkostenabrechnung einer Firma (u.a. Entlassungsgebühren und Unfallkostenbeiträge), Sozialkostenabgabe bei Produktion, Vertrieb und Konsum von Alkohol gemäß den durch Alkohol verursachten Sozialkosten im Sozial- und Gesundheitsbereich usw.

Änderung der Eigentumsrechte: Dieser Ansatz orientiert sich an der Theorie der Eigentumsrechte. Es wird davon ausgegangen, dass durch externe Effekte Geschädigte sich nicht wehren können, weil Eigentumsrechte nicht geltend gemacht werden können, so etwa im Hinblick auf intakte Wohn- und Lebensbedingungen, ein gesundes Entwicklungsumfeld für Kinder (schulische Bedingungen, Spielmöglichkeiten im Quartier u.a.), minimale politische Partizipation (der ausländischen Bevölkerung) oder soziale und kulturelle Partizipation (z.B. Invalider oder Armutsbetroffener). Eigentumsrechte sollen deshalb so verändert werden können, dass Verursacher von Geschädigten gerichtlich eingeklagt werden können. Nach FREY[152] werden in diesem Fall Eigentumsrechte als *Klagerechte* interpretiert. Des Weiteren können Modifikationen von Klagerechten wie die Erleichterung des Schadensnachweises, des Kausalitätsbeweises oder des Schuldnachweises in Erwägung gezogen werden.

Lenkungsabgaben: Hierbei handelt es sich um eine staatliche Verteuerung von Emissionen oder von sozial schädlichen Aktivitäten. Diese sollen so stark verteuert werden (Entgelt, Abgaben, Besteuerung usw.), bis bestimmte Grenzwerte bzw. soziale Minimalstandards erreicht werden (Verteuerung von Alkohol und Zigaretten, Erhöhung der Abgaben auf Lizenzen für Kleinkreditunternehmen usw.). In diesem Zusammenhang wird von «Lenkungsabgaben» bzw. vom *Standard-Preis-Ansatz*[153] gesprochen. Damit ist gemeint, dass bestimmte Abgabesätze nach einem bestimmten Standard berechnet werden. Dieser orientiert sich an festgelegten Immissionsgrenzwerten hinsichtlich Mindeststandards sozialer, psychischer und physischer Gesundheit und Integrität, Faktoren des menschlichen Wohlergehens oder bestimmter Ressourcen, wie sie von Menschen für ihr Wohlergehen benötigt werden.

Handel mit Sozialzertifikaten: Bei diesem Ansatz legt nicht eine Behörde die Abgabesätze bzw. Preise für zugelassene soziale Belastungen fest, sondern diese Preise und Sätze ergeben sich in einem marktwirtschaftlichen Prozess durch Angebot und Nachfrage. Sozialzertifikate sind als handelbare Wertpapiere zu betrachten, die ihren Besitzern das Recht geben, während einer bestimmten Periode eine limitierte Anzahl genau definierter sozialer Belastungen zu verursachen oder zu riskieren.[154] Der Staat legt die erlaubte soziale Belastungsmenge fest. Der Preis für die hierfür geschaffenen *Emissionszertifikate* pendelt sich, entsprechend Angebot und Nachfrage, frei ein. Infolgedessen entsteht ein Handel mit «Verschmutzungsrechten» (z.B. zur Produktion, zum Vertrieb und Verkauf von gesundheitsgefährdenden Konsummitteln wie Alkohol, Cannabis oder Zigaretten).[155]

Darstellung 14

Leitlinien zur Anwendung des sozialpolitischen Verursacherprinzips

Eigenverantwortlichkeit versus sozialstaatliche Verantwortlichkeit

⬇

Grundprinzipien des sozialpolitischen Verursacherprinzips

- Verantwortungsprinzip
- Gerechtigkeitsprinzip
- Solidaritätsprinzip

Zielrichtungen des sozialpolitischen Verursacherprinzips

- Soziale Gerechtigkeit (Verteilungsgerechtigkeit)
- Soziale Nachhaltigkeit (Sozialverträglichkeit)

Vorgänge des sozialpolitischen Verursacherprinzips

Durchsetzung mittels Definitionsmacht	Durchsetzung mittels Begrenzungsmacht
- Definition des Schadens, der Auswirkungen und Problemlage - Definition der Verursacher - Bestimmung der Ursache und Kausalität eines Problems und Schadens - Definition der (rechtlichen) Zumessung der Verantwortung	- (Rechtliche) Zumessung der Verantwortung - (Praktische) Anwendung des VP

© Piñeiro/Wallimann

Fortsetzung ➤

Darstellung 14
Fortsetzung

Varianten des sozialpolitischen Verursacherprinzips

Vorsorgende Varianten	Mischformen	Nachsorgende Varianten
Vermeidung/Prävention von sozialen Problemen durch Verursacher (durch Selbstkontrolle, Anreiz oder Beschränkung von außen)	Verursachung zugelassen, jedoch Verminderung von sozialen Problemen durch Verursacher (durch Selbstkontrolle, Anreiz oder Beschränkung von außen)	Verursachung zugelassen, jedoch nachträgliche Beseitigung von sozialen Problemen durch Verursacher (durch Selbstkontrolle, Anreiz oder Verpflichtung von außen)
– Anlastung der Vermeidungs- bzw. Präventionskosten – Gebote, Verbote, Auflagen	– Anlastung der Vermeidungskosten und der sozialen Zusatzkosten – Soziale Problemverursachung gegen Entgelt – Bezahlung eines Marktwertes für «Rohstoffe menschlichen Wohlergehens» und für individuelles (menschliches)/kulturelles soziales Kapital – Gebote, Verbote, Auflagen	– Anlastung der sozialen Zusatzkosten – Gebote

Funktionen des sozialpolitischen Verursacherprinzips

Anreizfunktion	Ausgleichsfunktion
– Primär Vorsorgeprinzip	– Kostenzurechnungsprinzip – «Instrument gerechter Kostenverteilung»
• Optimum an menschlichem Wohlergehen, individuell und kollektiv (Sozialverträglichkeit) • Erreichen sozialer Nachhaltigkeit	• Sozialökonomische Optimierung • Erreichen sozialer Gerechtigkeit • Erreichen sozialer Nachhaltigkeit

© Piñeiro/Wallimann

Mögliche Schwierigkeiten bei der Anwendung

Zu den zentralen Problemen der VP-Anwendung gehört die *Ermittlung des Verursachers*. Oft hängen verschiedene Belastungsfaktoren und Verursacher (-gruppen) in einem komplexen Geflecht von Aktivitäten zusammen. Unter Berücksichtigung möglicher Langzeitwirkungen von Sozial- oder Umweltbeeinträchtigungen wird die Bestimmung der Verursacher noch schwieriger. Zudem ist eine exakte Aufteilung der Sozialkosten auf die einzelnen Akteure innerhalb einer Verursacherkette oft schwierig, auch wenn die Sozialkosten insgesamt erfasst werden können.

Zu erwägen ist anfänglich in der Durchsetzung des VP auch der *administrative Aufwand*, etwa im Bereich der Überwachung und Kontrolle von Verursachern oder bei der Kostenzurechnung an einzelne Verursacher. Hinsichtlich der Praktikabilität des VP dürften die Auswirkungen von VP-Maßnahmen auf die Verwaltungskosten von Relevanz sein.[157]

Die Anwendung des VP auf Risiken, die aufgrund einer nicht absehbaren Dynamik *unberechenbarer Folgen* kaum kalkulierbar, nicht verantwortbar oder nicht bearbeitbar sind,[158] dürfte sich äußerst schwierig gestalten. Betrachtet man beispielsweise bestimmte Umweltrisiken wie die Entwicklung in der gentechnologischen Produktion oder die Energiegewinnung aus Kernkraftwerken, so erscheinen uns diese Risiken und potenziellen Umweltbelastungen sowohl ökonomisch als auch VP-logisch kaum kalkulierbar. Auf solche (durch technische Vorkehrungen) kaum bestimmbare und (durch Wahrscheinlichkeitsrechnungen) schlecht kalkulierbare Unsicherheiten weist BECK hin.[159] Für solche Risiken kann oft niemand in vollem Umfang verantwortlich gemacht werden, weshalb auch das VP nicht oder nur teilweise zur Anwendung kommen kann. Allenfalls muss der Entstehung solcher Risiken entgegengewirkt werden, indem resolut das *Vorsorgeprinzip* angewandt wird. Ferner könnte das VP zur Illusion verleiten, Umweltbelastungen oder Risiken mit negativen sozialen Folgen seien *mit Gewissheit* zu *begrenzen* und zu *beheben*. Die umwelt- bzw. sozialpolitische Regulierung von entsprechenden Problemen könnte so allzu leicht für *machbar* gehalten werden. Bei negativen externen Effekten mit ungewissen oder unberechenbaren Fern- und Folgewirkungen, bei hartnäckigen Verhaltensmustern und Strukturen oder bei ungewissen Kausalzusammenhängen kann das VP nur im Sinne des *Vorsorgeprinzips* zur Anwendung kommen, nach dem Risiken von vornherein kategorisch vermieden oder unterbunden werden.[160] In diesem Sinne können folgende Ansätze genannt werden:[161]

— *Schadensabwehr:* Der Staat greift an bestehenden Schadensquellen schützend ein, wenn menschliches Handeln zu erkennbaren Schäden für Mensch und Umwelt führt. Solche Maßnahmen erfolgen in der Regel kurzfristig.
— *Risikovorsorge:* Dieser Ansatz geht über die Schadensabwehr hinaus und «zielt darauf ab, durch vorausschauendes Handeln bereits dem Entstehen möglicher Beeinträchtigungen vorzubeugen».[162] Vorausschauend sollen bei jeder Planung und bei jeder technischen Weiterentwicklung auch die möglichen Risiken berücksichtigt werden. Hiernach müssten Risiken, die sich nach aktuellem Stand der Wissenschaft nicht bestimmen und kalkulieren lassen, kategorisch unterbunden werden.

Im Sinne des VP können bei der Schadensabwehr und Risikovorsorge zum Beispiel Auflagen oder Verbote zur Anwendung kommen (polizeirechtliche Strategien). Auf schlecht kalkulierbare Risiken mit gefährlichem Schadenspotenzial muss die Umwelt- und Sozialpolitik mit Verboten reagieren können. Dies erfordert jedoch, dass der Staat als ordnungspolitischer Akteur auch dann aktiv werden kann, wenn er nicht über eine hinreichende Informationsgrundlage verfügt, denn bis diese vorliegt, ist der *richtige Zeitpunkt* einer ordnungspolitischen Intervention oftmals schon überschritten. Somit müsste die Beweislast für oder gegen eine ordnungspolitische Intervention nicht beim Staat, sondern bei (potenziellen) Verursachern liegen. Sie müssten den Beweis erbringen, dass schlecht kalkulierbare Risiken tragbar sind.

Die Art und Weise, wie das VP umgesetzt wird, hängt sowohl vom Einfluss einer politischen oder ökonomischen Elite als auch von den Einflussmöglichkeiten von Interessengruppen ab. Dies trifft insbesondere für die Durchsetzung einer vorsorglichen Unterbindung von Aktivitäten zu. Das VP würde hier im Sinne des Vorsorgeprinzips bestimmte schädliche Aktivitäten unterbinden, und es stellt sich die Frage, wer denn nun die Regeln und die Ausprägung einer Anwendung des VP definiert. Ab welcher realen oder potenziellen Schadensdimension müssten prinzipiell Verbote und Auflagen durchgesetzt werden? Wer setzt sich für die Durchsetzung geeigneter Prinzipien und Maßnahmen im Interesse sozialer und ökologischer Nachhaltigkeit ein (u.a. im Hinblick auf die anonyme Diktatur der globalen Märkte)? Könnte es sein, dass sich das VP auch als *Instrument der «Mächtigen»* missbrauchen lässt, indem die Schadensverursachung an Gesellschaft und Natur für bestimmte (lukrative) Zwecke zur «bezahlbaren Aktivität» gemacht wird? Könnte es sein, dass mit dem VP Übernutzung von sozialen Ressourcen und der Natur nur legitimiert wird, ohne dass man einem Dasein mit Nachhaltigkeit näher käme? Solche und ähnliche Überlegungen weisen darauf hin, dass Nachhaltigkeitskriterien bei der Anwendung des VP immer im Zentrum stehen müssen.

Trotz der genannten Anwendungsprobleme postuliert WICKE[163] eine möglichst konsequente Durchsetzung des VP als oberste Leitlinie der Umweltpolitik jedes Staates. Entsprechend ist diese Haltung auch in die Sozialpolitik hineinzutragen.

III Ausgewählte Problemfelder

Kriterienraster zur Anwendung des Verursacherprinzips in ausgewählten sozialen Problemfeldern

Es soll nun exemplarisch herausgearbeitet werden, wie das VP auf ausgewählte soziale Problemfelder übertragen werden könnte. Als Leitfaden der Betrachtungen dient die folgende Kriterienübersicht. Sie widerspiegelt die vorangehenden Ausführungen zum soVP. Ethische und fachliche Probleme, Vor- und Nachteile oder Gefahren, die bei der Anwendung in Erscheinung treten, werden jeweils am Ende jedes Kapitels diskutiert. Die Ausführungen wurden bewusst knapp gehalten.

Darstellung 15
Kriterienraster zur Anwendung des sozialpolitischen Verursacherprinzips

A	Problemstellung/Auswirkungen/Verursachung
	– Problemdarstellung – Selbstschädigung/Fremdschädigung – Individuelle Verursachung/Strukturelle Verursachung

B	Bisherige Reaktionsmuster auf das Problem
	– Bisherige, öffentliche Reaktionen auf das soziale Problem: Vorsorge/Prävention und/oder Nachsorge/Behandlung des Schadens; auf individueller und struktureller Ebene

C	Negative Externalitäten/Sozialkosten
	– Negative Externalitäten – Sozialkosten

D	Aktuelle Prinzipien im Umgang mit problembedingter Verantwortung
	– Bisherige Prinzipien der Zurechnung von Kosten und/oder inhaltlich-konkrete Verantwortung: VP/Gemeinlastprinzip

© Piñeiro/Wallimann

Fortsetzung ➤

Darstellung 15
Fortsetzung

E	Zumessung der Verantwortung
	Verursacher – Einzelner Akteur/Organisation – Verursachergemeinschaft – Nicht bestimmbarer/nicht eindeutig bestimmbarer Verursacher (Black Box)
	Kausalität – Durch Wertung gewonnener Kausalzusammenhang (falls Punkte A & B erfasst werden können) – Kein Kausalzusammenhang (Black Box)
	Schadensqualität – Potenzieller/tatsächlicher Schaden – Problemlage: Schaden/Risiko/Gefahr/unklarer Sachverhalt (Black Box)
	Zumessung der Verantwortung – Infolge der Verursachereigenschaft – Als Grund der Verursachereigenschaft

F	Zielrichtungen des VP im jeweiligen Problemfeld
	– Soziale Gerechtigkeit: Lastenausgleich (Verteilungsgerechtigkeit) – Soziale Nachhaltigkeit: Anreiz zu präventivem Verhalten (Sozialverträglichkeit)

G	Anwendung

	– Maßnahmen im Bereich der sozialen Sicherung:
	  Sozialversicherungen/Sozialhilfe, Prävention/Gesundheitsförderung
	– Entwickeln neuer VP-Instrumente: polizeirechtliche/marktwirtschaftlich
	  orientierte Maßnahmen

H	Abschließende Betrachtungen
	– Folgeprobleme einer Anwendung des VP – Sozialethisches Prinzip

© Piñeiro/Wallimann

Das Verursacherprinzip im Alkoholbereich

Problemstellung – Auswirkungen – Verursachung

Die Alkoholproblematik gilt aus Sicht des öffentlichen Gesundheitswesens als wichtiger Faktor der Morbidität und Mortalität.[164] Seit der Gründung der Weltgesundheitsorganisation (WHO) im Jahre 1948 nimmt Alkoholkonsum und Alkoholmissbrauch gesundheitspolitisch einen zentralen Platz ein. Nach WHO spielt Alkohol bei Verkehrsunfällen, Krebskrankheiten, psychischen und sozialen Problemen, wie beispielsweise Anwendung von Gewalt, finanziellen Problemen in Familien, Problemen am Arbeitsplatz usw., eine erhebliche Rolle.[165]

EDWARDS[166] verwendet für den unscharfen Begriff «Alkoholismus» die beiden Begriffe «alkoholbezogene Probleme» und «Alkoholabhängigkeit». *Alkoholbezogene Probleme* des einzelnen Trinkers lassen sich in den körperlichen,[167] psychischen[168] und sozialen Bereich[169] gliedern.[170] Alkohol ist eine psychoaktive Substanz, die in Verbindung mit einem länger andauernden, übermäßigen Konsum zu *Abhängigkeit* führen kann.[171] Probleme, die bei einer chronischen Alkoholabhängigkeit auftauchen, treten nicht vereinzelt, sondern kumuliert auf. Hilfe erfordert deshalb den Beitrag verschiedener Professionen aus dem Gesundheits- und Sozialbereich.

Der Alkoholkonsum kann als Selbst- und Fremdschädigung eingestuft werden. Die Person schädigt sich bei übermäßigem Konsum einerseits selbst. Konsumverhalten kann jedoch auch dazu führen, Alkohol in sozial schädlicher Form zu konsumieren.

Beim schädlichen Alkoholkonsum spielen individuelle und strukturelle Faktoren eine wichtige Rolle. Wie EDWARDS[172] aufzeigt, haben strukturelle Bedingungen einen starken Einfluss auf AlkoholkonsumentInnen. Zu den Faktoren auf *individueller Ebene* gehören persönliche prädisponierende Faktoren (u.a. physische und psychische Konstitution, soziale, biografische und sozioökonomische Faktoren[173]), die ein schädliches Trinkmuster generieren können. Auf *struktureller Ebene* können verschiedene Faktoren unterschieden werden: Erstens spielt die vorhandene Alkoholmenge und die damit zusammenhängenden Möglichkeiten, Alkohol zu beschaffen, eine wichtige Rolle für die Prävalenz von alkoholbezogenen Problemen. Der Alkoholindustrie (Produzenten, Akteure in Vertrieb, Verkauf und Werbung) und den damit verbundenen alkoholpolitischen Rahmenbedingungen kommt hier eine wesentliche Bedeutung zu. EDWARDS kommt aufgrund einer Vielzahl von Untersuchungen zum Schluss, «dass es einen Zusammenhang zwischen dem Gesamtkonsum an Alkohol in einer Gesellschaft und der Häufigkeit verschiedener Schäden gibt, z.B. somatischer Krankheiten wegen schweren Langzeitkonsums, von Unfällen infolge akuter Intoxikation, Gewaltverbrechen und Suizid. Somit unterstützt die Befundlage die Auffassung, dass sich der nationale Alkoholkonsum auf die öffentliche Gesundheit und die Sozialpolitik auswirkt.»[174] Je mehr Alkohol produziert und zugänglich gemacht wird, desto mehr wird konsumiert, womit gesellschaftlich häufiger alkoholbedingte Probleme auftreten.

Zweitens wird der *Trinkkultur* einer Gesellschaft, die die individuellen Trinkmuster prägt, eine wichtige Bedeutung beigemessen: Eine «nasse Umgebung»,[175] in der Alkohol billig und leicht zu beschaffen ist und zudem einen wichtigen Bestandteil des täglichen Lebens bildet, erhöht das Risiko, dass sich ein schädlicher Umgang mit Alkohol entwickelt. Hierbei spielen wiederum Alkoholindustrie und alkoholpolitische Rahmenbedingungen eine wichtige Rolle.

Darstellung 16
Ursachen für Alkoholprobleme auf individueller
und struktureller Ebene

Strukturelle Ebene	Individuelle Ebene
– Bereitstellen von und Zugang zu Alkohol/Alkoholpolitik (Produzenten, Akteure im Vertrieb, Werbung, alkoholpolitische Akteure) – «Nasse Kultur»	– Physische und psychische Prädisposition – Sozioökonomische Faktoren – Soziale Einbettung/Lernen im sozialen Umfeld (Familie, Freundeskreis, Schule usw.)

© Piñeiro/Wallimann

Bisherige Reaktionsmuster

Es werden kurz die zentralen gesellschaftlichen Bemühungen angeführt, die beim Umgang mit Alkoholproblemen zum Tragen kommen.

Bei der *Prävention und Gesundheitsförderung (Vorsorge)* sind zu vermerken:

— an Einzelne gerichtete Maßnahmen und Interventionen der Akteure im Gesundheits- und Sozialbereich: spezialisierte Suchthilfe und nichtspezialisierte Akteure[176] (Primär-, Sekundär- und Tertiärprävention usw.);
— Maßnahmen der alkoholpolitischen Akteure in der Legislative (Parlament);
— Maßnahmen der politischen Exekutive (Regierung, öffentliche Verwaltung: z. B. Eidgenössische Alkoholverwaltung EAV, Kontrolle der Alkoholproduktion, Besteuerung, Durchsetzung der Alkoholgesetzgebung, Jugendschutz, Werbeeinschränkungen usw.; Bundesamt für Gesundheit: Werbekampagnen, Forschung, Statistik usw.);
— Maßnahmen und Interventionen der Akteure im professionalisierten Sozialbereich als Teil der politischen Exekutive oder von Nichtregierungsorganisationen.

Bei der *Nachsorge und Behandlung* existieren:

— Maßnahmen und Interventionen des Gesundheits- und Sozialbereichs: stationäre und ambulante Behandlungsmaßnahmen der spezialisierten Suchthilfe und des nicht spezialisierten polyvalenten Grundversorgungssystems usw.;
— strategische Maßnahmen und Interventionen des Gesundheits- und Sozialbereichs: Organisation der stationären und ambulanten Einrichtungen der spezialisierten Suchthilfe usw. und strategische Maßnahmen des Bundesamtes für Gesundheit: strategische Organisation der behandelnden Organisationen in der Alkoholhilfe usw.

Negative Externalitäten und Sozialkosten

FLATH bezeichnet alle «durch das Handeln eines Verursachers – sei er Produzent oder Konsument – entstandenen unmittelbaren und mittelbaren Wirkungen, durch die der Handelnde sich selbst oder Dritte in ihrer Lebenslage»[177] schädigt, als *externe Effekte*. Darunter fallen die bereits betrachteten alkoholbezogenen Probleme. Mit dieser Definition schließt FLATH[178] nebst den negativen, externen Effekten aus Produktion und Konsum von Alkohol, die bei unbeteiligten Dritten anfallen, auch die negativen Wirkungen mit ein, die *KonsumentInnen sich selbst* durch den Konsum von Alkohol zufügen (Selbstschädigung). Die Behandlung von alkoholbezogenen Beeinträchtigungen, die KonsumentInnen sich selbst zufügen, wird in der Regel nicht von ihnen selbst finanziert, sondern fällt in Form von Sozialkosten der Allgemeinheit zu. Dies kann aus ökonomischer Sicht als Diskrepanz zwischen einzel- und gesamtwirtschaftlichen Kosten verstanden werden.

FLATH[179] unterscheidet *immaterielle* und *materielle* externe Effekte. Die immateriellen externen Effekte sind nicht quantifizierbar und werden als Nachteile aus dem Alkoholkonsum definiert, die mit der «Verschlechterung der Lebenslage des Trinkenden und seiner Familie verbunden»[180] sind. Solche immateriellen Werte umfassen Gesundheitsschäden, Beeinträchtigungen des Familienlebens, Behinderung in der Entwicklung der Trinkenden usw. Die *materiellen* externen Effekte werden auch *soziale Kosten* genannt und stellen den monetär bewerteten Teil dar. Die Auseinandersetzung mit den Sozialkosten ist im Alkoholbereich nicht neu.[181] Durch den Alkoholkonsum erwachsen der schweizerischen Volkswirtschaft laut SFA Kosten in der Höhe von mindestens drei Milliarden Franken jährlich.[182] «In die Kostenberechnung fließen nicht nur die Aufwendungen für die Behebung von Schäden (Sach- und Personenschäden) ein, sondern auch der Wert der ausgefallenen Produktionskraft durch Krankheit, Invalidität oder frühen Tod.»[183] In dieser Kostenrechnung wird nicht zwischen «normalen» und «abhängigen» AlkoholkonsumentInnen unterschieden, da z.B. auch jemand, der nicht alkoholabhängig ist, einen alkoholbedingten Verkehrsunfall verursachen kann.[184]

Nach SFA setzen sich die Sozialkosten zusammen aus:

«a) dem Produktionsausfall infolge von vorzeitigem Tod, Unfällen, Krankheit und Kriminalität sowie wegen verminderter Erwerbsfähigkeit (geringere Erwerbsquote, erhöhter Absentismus);

b) dem Einsatz von Arbeitskräften und Gütern für die Verhütung und Behandlung von Alkoholproblemen (Heilungskosten und Kosten für die Prävention;[185]

c) den Sachschäden infolge von alkoholbedingter Kriminalität und Unfällen».[186]

Theoretisch können alle Sozialkosten hinsichtlich des VP diskutiert werden. Beispielhaft steht aber Punkt b) im Zentrum. Eine Übersicht ausgewählter

Daten lässt vermuten, dass ein Großteil der Mittel für Dienstleistungen im Alkoholproblembereich aus der KV (Grundversicherung), der IV und der öffentlichen Hand stammen.[187] Privat finanzierte Dienstleistungen sind im ambulanten und stationären Bereich nachrangig. Zwar fließen verschiedenen Organisationen im Alkoholbereich private Gelder zu, u.a. aus Stiftungen, Vereinen, Spenden, Legaten usw. Im *ambulanten, nichtmedizinischen Bereich* werden diese privaten Gelder laut Bundesamt für Gesundheit in Bern[188] als eine zu vernachlässigende Größe von ungefähr einem bis maximal fünf Prozent eingestuft. Auch im *stationären Alkoholbereich*, der vorwiegend medizinalisiert ist, tragen private Gelder sehr wenig zur Finanzierung bei. Die Finanzierung der alkoholbedingt notwendigen Dienstleistungen erfolgt hauptsächlich durch Sozialversicherungsbeiträge der KV, durch die IV und durch öffentliche Mittel (Bund, Kantone und Gemeinden). Somit erfolgt die Finanzierung bisher überwiegend nach dem Gemeinlastprinzip.

Zumessung der Verantwortung

Verursacher

Aufgrund der bisherigen Ausführungen können folgende potenzielle Verursacherparteien identifiziert werden:

— *die KonsumentInnen von Alkohol:* Negative Externalitäten und Sozialkosten entstehen durch den schädlichen Konsum von Alkohol.
— *Akteure im sozialen Umfeld (Familie, Freunde, Vereine, Betriebe usw.):* Negative Externalitäten und Sozialkosten entstehen durch die Anstiftung bzw. explizite und implizite Erleichterung, Ermutigung zu schädlichem Alkoholkonsum (auf den aktuellen Zeitpunkt bezogen, nicht auf die biografische Dimension);
— *die Produzenten[189]/Akteure in Vertrieb und Werbung (Großhandel, Verkauf):* Als weitere potenzielle Verursacher müssen die *Produzenten und Akteure im Vertrieb* von Alkoholwaren gesehen werden. Alkohol ist ein Gut, das *per se* mit bestimmten Risiken in Verbindung gebracht werden muss. Sowohl die Bereitstellung als auch Werbung und Vertrieb erzeugen für eine Vielzahl von KonsumentInnen ein Risiko für ihre Gesundheit. Würde weniger Alkohol hergestellt, vertrieben oder dafür konsumanregend geworben, so würden die KonsumentInnen auch mit weniger Wahrscheinlichkeit sich und andere damit schädigen. Dem Argument, dass

die KonsumentInnen mündige Bürger seien und selbst über ihren Konsum entscheiden könnten, kann nicht vorbehaltlos zugestimmt werden. Alkoholkonsum und Trinkmuster werden von vielfältigen Faktoren beeinflusst, die u.a. auch von der Erhältlichkeit und der vorhandenen Alkoholmenge in einer Gesellschaft geprägt sind.[190] Deshalb müssen die Produzenten und Verteiler dieses Gutes als (Mit-)Verursacher in Betracht gezogen werden, zumal sie auch ökonomisch davon profitieren, wenn mehr Alkohol konsumiert wird oder die Abhängigkeit von Alkohol zunimmt.

— *Öffentliche Verwaltung:* Negative Externalitäten und Sozialkosten entstehen durch vernachlässigte Präventionsmaßnahmen. Es ist denkbar (und wahrscheinlich), dass die öffentliche Verwaltung dem Vorbeugen von Alkoholproblemen zu wenig Beachtung schenkt und damit Handlungsspielräume nicht oder zu wenig nutzt. Dadurch werden vermeidbare Probleme und Kosten in Kauf genommen.

Die Erhältlichkeit von Alkohol (Produktion und Vertrieb) erfolgt im Rahmen der geltenden Alkoholgesetzgebung. Sollten negative Externalitäten und Sozialkosten durch ein Nichtausschöpfen bestehender Spielräume der Intervention entstehen (z.B. zu wenig rigorose Kontrolle von Produktion und Vertrieb, zu tiefe Besteuerung von Alkohol), so muss die Verwaltung (Exekutive) für die durch Alkohol verursachten Sozialkosten als mitverantwortlich bezeichnet werden.

— *Akteure der spezialisierten Suchthilfe und des nichtspezialisierten Gesundheits- und Sozialbereichs:* Geht man davon aus, dass negative Externalitäten und Sozialkosten durch ein zu stark ausgebautes Hilfesystem entstehen können, sind folgende Überlegungen anzuführen: Analog zum gesamten Medizinalbereich[191] wird davon ausgegangen, dass sich das Suchthilfesystem selber zu erhalten oder sogar auszuweiten trachtet (auch die Helfenden profitieren von der Alkoholproblematik, z.B. im Rahmen ihrer Erwerbstätigkeit), wodurch das Risiko entsteht, dass Patienten bzw. Klienten in «Abhängigkeit» zum Suchthilfesystem gehalten werden. Auch ist zu vermerken, dass das Suchthilfesystem zur «Stigmatisierung» seiner Adressaten beitragen kann und dadurch Suchtverhalten und soziale (Folge-)Probleme erhalten oder verschärft werden.

— *Unklarer Verursacher (Black Box):* Zu den unklaren Verursachern müssen Akteure gezählt werden, die auf gesellschaftliche Bedingungen so einwirken, dass daraus ein sozialer Schaden oder eine Risikoerhöhung entsteht. Sie prägen z.B. die Kultur des Umganges mit Alkohol oder mit alkoholbezogenen Problemen. Es sind dies Akteure, die aufgrund ihrer

Anonymität oder komplexer Einwirkungsverflechtungen nicht eindeutig eruierbar sind:
— Akteure (einzelne Personen, Organisationen, etwa Filmproduzenten, Vereine oder Betriebe usw.), welche die Trinkkultur[192] einer Gesellschaft (durch die Gestaltung von Normen, Werten, Sitten, Ritualen und Bräuchen) prägen;
— Akteure, welche die Biografie eines Menschen prägten (z.B. durch physische und psychische Gewalt), womit Voraussetzungen für einen schädlichen Alkoholkonsum geschaffen wurden;
— alkoholpolitische Akteure und Verbände, die durch Lobby in Parlament und Exekutive negative Externalitäten und Sozialkosten fördern, um mit der Gestaltung der Rahmenbedingungen für Alkoholproduktion, -werbung und -vertrieb den Konsum von Alkohol zu fördern oder nicht mehr einzuschränken.[193]

Darstellung 17
Tatsächliche und unklare Verursacher

Identifizierbare Verursacher	Unklare Verursacher (Black Box)
– AlkoholkonsumentInnen – Akteure im sozialen Umfeld von AlkoholkonsumentInnen – Alkoholproduzenten – Akteure im Alkoholvertrieb – Politische Exekutive: Öffentliche Verwaltung – Akteure der spezialisierten Suchthilfe und nicht spezialisierte Akteure des Gesundheits- und Sozialbereichs	– Summe der Akteure, die auf soziale und kulturelle Bedingungen einwirken (als einzelne Akteure kaum eruierbar), «nasse Kultur», ritualisierter Alkoholkonsum – Lobby

© Piñeiro/Wallimann

Kausalität

Bei identifizierbaren Verursachern können hinsichtlich der Kausalitätsfrage folgende Angaben gemacht werden:

— Alkoholprobleme lassen sich als externe Effekte betrachten, die in der Folge Sozialkosten produzieren.
— Alkoholprobleme können auf Ursachen zurückgeführt werden (z. B. auf schädlichen Alkoholkonsum, Vorhandensein von Alkohol und konsumfördernden Vertrieb/Werbung usw.).
— Ein Kausalzusammenhang zwischen der Problemverursachung und bestimmten, oben aufgeführten (Mit-)Verursachern lässt sich herstellen.[194]
— Bei allen identifizierten Verursacherparteien ist es grundsätzlich denkbar, Verursacher in Form der Verursachergemeinschaft zusammenzufassen.[195] In diesem Zusammenhang könnte auch von einem «*Alkoholsucht-Industrie-Komplex*» gesprochen werden, dessen Akteure sich gegenseitig beeinflussen und aus «verursacherdynamischem Blickwinkel» eng miteinander verflochten sind.

Im Fall von nicht bestimmbaren Verursachern sind folgende Punkte zu berücksichtigen:

— Strukturelle Faktoren der Problemverursachung wie die Konsumkultur oder ökonomische Rahmenbedingungen, die bei einem schädlichen Alkoholkonsum eine wesentliche Rolle spielen, sind mittlerweile bekannt und erforscht.[196] Sie lassen sich jedoch nur schwer auf einzelne Akteure (Individuen oder Organisationen) zurückführen.
— Bei Akteuren, die biografische Bedingungen anderer geprägt haben und dadurch vermutlich als Wegbereiter eines schädlichen Alkoholkonsums fungieren, gestaltet sich der Kausalitätsnachweis aufgrund der zeitlichen Dimension äußerst schwierig, weil bei einer langfristigen Zeitperspektive multiple Ursachen kaum mehr auseinander gehalten werden können.

Schadensqualität

Alkoholprobleme manifestieren sich als tatsächlicher Schaden. Auch können vorhergehende Risiken erkannt werden, die Alkoholprobleme generieren könnten. In Analogie zum Umweltbereich entspricht dies der Bereitstellung eines «riskanten Gutes» oder einer «risikoreichen Konsumform», die potenziell eine Schadensverursachung auslöst.

Zumessung der Verantwortung

Lassen sich Verursacher identifizieren, so kann, wie ausgeführt, auch angenommen werden, dass diesen die (rechtliche) Verantwortung zugemessen werden kann, und zwar

— infolge der Verursachereigenschaft (wenn alkoholbezogene Probleme bereits eingetreten sind) oder

— als Grund der Verursachereigenschaft (wenn ein vorgängiges Risiko eingegangen wird, das alkoholbezogene Probleme generieren könnte).

Welche rechtlichen Grundlagen dazu erforderlich sind und wie die Rechtspraxis konkret aussehen könnte, kann an dieser Stelle nicht ausgeführt werden.

Zielrichtungen des Verursacherprinzips im Alkoholbereich

Ziel ist es, die *soziale Gerechtigkeit durch den Lastenausgleich* wie folgt zu fördern:

— In allen Fällen, in denen ein vermeidbares Risiko eingegangen wird, das Alkoholprobleme verursachen könnte, muss ein risikoorientierter Lastenausgleich zwischen potenziell Alkoholprobleme generierenden (Mit-)Verursachern und der Allgemeinheit geprüft und gegebenenfalls geschaffen werden.

— In allen möglichen Fällen ist ein finanzieller Lastenausgleich zwischen Alkoholprobleme generierenden Verursachern und der Allgemeinheit anzustreben, sofern die ökonomischen Grundlagen dazu vorhanden sind bzw. sofern die Verursacher die finanziellen Lasten tragen können (sozialethisches Prinzip). Diesbezüglich stellt sich bei den direkt Betroffenen, den (Alkohol-)KonsumentInnen, die Frage, ob eine Kostenzurechnung ihre finanzielle Existenzsicherung gefährden wird.

Ziel ist es, auch soziale *Nachhaltigkeit durch Anreiz zu präventivem Verhalten* zu fördern:

— Alkoholprobleme, dadurch verursachte Folgeprobleme und die Anlastung der Sozialkosten sind möglichst zu vermeiden: Das VP soll Verursachern vermeidbarer negativer Externalitäten einen Anreiz geben, Aktivitäten oder Risiken zu vermeiden, die zu Alkoholproblemen führen (könnten).
— Anreize zu präventiven Verhaltensweisen sollen *alle genannten Verursacherparteien* (und nicht nur die Adressaten von Sozialleistungen, die AlkoholkonsumentInnen) erhalten, die tatsächlich oder potenziell zur Alkoholproblematik beitragen.

Anwendung

Maßnahmen im Bereich der sozialen Sicherung

Bei den Produzenten und Akteuren im Vertrieb können folgende Maßnahmen diskutiert werden:

— *Einführung einer risikoabhängigen Prämienbeteiligung im Bereich der Krankenversicherung (KV):* Denkbar wäre, dass alle Produzenten und Akteure im Vertrieb sich an der Finanzierung der alkoholbedingten KV-Leistungen beteiligen müssen. Die Beitragshöhe könnte sich dabei an der bereitgestellten Alkoholmenge orientieren – an der Bereitstellung eines potenziell riskanten Gutes. Diese Akteure würden so die verursachte Gefährdung der Gesundheit der Gesamtbevölkerung «versichern». Dazu könnte eine Alkoholproduzenten- und Alkoholvertriebsversicherung geschaffen werden (Beitragspflicht).
— *Anlastung der Vermeidungskosten:* Den Produzenten und Akteuren im Vertrieb werden die Kosten aus der Vermeidung von alkoholbedingten Problemen angelastet. Mit «Vermeidung» werden jegliche Präventivbemühungen bezeichnet, etwa die Verminderung und Vermeidung von alkoholbedingten Schäden auf ein «politisch festgelegtes Maß». Der «Immissionsgrenzwert» könnte beispielsweise anhand der in einem Land bestimmten Dienstleistungen des Gesundheits- oder Sozialbereichs bemessen werden. Produktion und Vertrieb von Alkohol würden staatlich so reguliert werden, dass alkoholbedingte Dienstleistungen nur bis zu einer bestimmten Menge «beansprucht» werden.[197] Alkohol würde in einer Art und Weise produziert und vertrieben, die auf gesamtgesellschaftlichem Niveau eine Verringerung der Belastungen im Gesundheits-

und Sozialbereich zur Folge hätte.

Zu den Vermeidungskosten zählen die Kosten der *Schadensprävention* und *Schadensminderung* im primären, sekundären und tertiären Präventionsbereich und der Gesundheitsförderung. Die Anlastung der Vermeidungskosten an die Produzenten und Akteure im Vertrieb wäre beispielsweise über eine Besteuerung der Produktion bzw. des Vertriebs von alkoholischen Getränken entsprechend der produzierten und vertriebenen Alkoholmenge denkbar.[198]

Bei den KonsumentInnen können beispielsweise diskutiert werden:

— *Anlastung der sozialen Zusatzkosten:* Die KonsumentInnen alkoholischer Getränke sind in der Regel krankenversichert und bezahlen gleich hohe Prämien wie Versicherte, die keinen Alkohol trinken. In der Ausgestaltung der Prämien unterscheidet die KV zudem nicht zwischen Versicherten, die Alkohol risikoreich oder risikoarm konsumieren. Die KV ist in diesem Sinne «verursacherneutral». Nach dem VP würden die Verursacher mit verursachergerechten bzw. risikoabhängigen Beiträgen stärker belastet. Die verursacherorientierte Prämienbelastung könnte entsprechend dem «Bonus-Malus-Modell» erfolgen. Die Beanspruchung von Gesundheitsleistungen aufgrund alkoholbedingter Probleme würde so zu einer Prämienerhöhung führen, eine Nichtbeanspruchung zu einer Prämienreduktion. Im Bereich der KV wäre die Durchsetzung des VP zudem mittels einer entsprechenden Verteuerung der Jahres- oder Einzelfallfranchise denkbar. Auch der Selbstbehalt könnte bei risikoreichem Alkoholkonsum erhöht werden. Ein vorsorglich diagnostiziertes Krankheitsrisiko, das die Prämien von vornherein entsprechend einstufen würde, ist aufgrund der komplexen Ursachenerklärung von Alkoholproblemen nicht denkbar.

Bei den Akteuren im sozialen Umfeld:

— *Anlastung der sozialen Zusatzkosten:* Akteure im sozialen Umfeld einer Person mit Alkoholproblemen (Familie, Freunde usw.), die nachweislich zur Entwicklung alkoholbezogener Probleme beigetragen haben (z.B. Anstiftung zu übermäßigem Alkoholkonsum und anschließender Automobilbenutzung, die zu einem Unfall führt oder Gewalt im angetrunkenen Zustand zur Folge hat), sollen sich stärker an den beanspruchten Gesundheitsleistungen beteiligen. Entweder werden Personen aus dem sozialen Umfeld direkt für mitverursachte Kosten verantwortlich gemacht (Direktbeteiligung an Kosten eines Krankenhausaufenthalts, somit Anlastung der sozialen Zusatzkosten). Denkbar ist aber auch, dass *deren* KV-Prämien verteuert werden oder Franchisen und Selbstbehalte erhöht werden.

Die Anlastung der Zusatzkosten an das soziale Umfeld ist jedoch im Rahmen einer Suchterkrankung kaum denkbar. Suchterkrankungen entstehen über einen längeren Zeitraum, so dass einzelne Ursachen und einwirkende Akteure nicht deutlich genug definiert werden können.

Verursacherprinzip-Instrumente außerhalb der sozialen Sicherung

Bei Produzenten/Akteuren im Vertrieb können folgende Maßnahmen genannt werden:

— *Erhebung von Sozialkostenabgaben/Steuern:* Entsprechend den benötigten Behandlungsmaßnahmen im Gesundheits- und Sozialbereich wird generell eine angemessene Steuer bzw. Sozialkostenabgabe bei Produktion und/oder Vertrieb von Alkohol erhoben.[199]
— *Risiko gegen Entgelt:* Das Entgelt, das Produzenten und Akteure im Vertrieb für die Bereitstellung von alkoholischen Getränken zu entrichten haben, bemisst sich in diesem Fall nach einem politisch festgelegten Preis. Dieser berücksichtigt die durch Alkohol verursachten Sozial- und Gesundheitskosten. Die Alkoholproduzenten und Akteure im Vertrieb «verbrauchen» indirekt Gesundheitsgüter, indem sie, gesamtgesellschaftlich gesehen, ein Gut bereitstellen, das Probleme verursacht. Ihr Entgelt dafür könnte sich beispielsweise nach dem Wert der produzierten oder verteilten Menge Alkohol bemessen. Denkbar wäre auch, dass ein erstes Alkoholkontingent zu einem niedrigeren Entgelt erworben werden kann als weitere Produktionsmengen.
— *Handel mit Alkoholproduktions- oder Alkoholvertriebszertifikaten:* Denkbar wäre die Einführung von handelbaren Wertpapieren in Form von Alkoholzertifikaten. Der Besitzer der Zertifikate hätte das Recht, während einer bestimmten Periode eine definierte Menge Alkohol zu produzieren oder zu vertreiben. Das Schadens- und Risikopotenzial würde von staatlicher Seite festgelegt, indem die produzierte und/oder vertriebene Menge Alkohol beschränkt würde. Infolgedessen würde ein Handel unter den Produzenten und Akteuren im Vertrieb mit «Verschmutzungsrechten» entstehen. *Produktions- und Vertriebszertifikate* könnten auch entsprechend der Qualität oder Quantität des Alkohols eingeführt werden, so z. B.

bei bestimmten, besonders schädlichen alkoholischen Getränken (Alcopops) oder ab einer bestimmten produzierten oder konsumierten Menge. Die «mittelbare Verschmutzung der Gesundheit» durch Produktion und Vertrieb von Alkohol würde entsprechend der Nachfrage nach den gehandelten «Verschmutzungsrechten» verteuert. Die Verteuerung und Kontingentierung könnte dazu führen, dass bestimmte Alkoholsorten und Vertriebswege an Bedeutung verlieren und sich die produzierte und/oder verkaufte Menge Alkohol verringert.

Bei den KonsumentInnen lassen sich folgende Maßnahmen anführen:

— *Anlastung der Vermeidungskosten:* Den KonsumentInnen werden als *Verursachergemeinschaft* die Vermeidungskosten zugerechnet. Möglichkeiten einer Anlastung der Sozialkosten an die Verursacher wurden bereits bei den Alkoholproduzenten und -vertreibern diskutiert. Diese können auf die Verursachergemeinschaft der KonsumentInnen übertragen werden.[200]

— *Anlastung der sozialen Zusatzkosten:* Den KonsumentInnen werden die durch sie verursachten Sozialkosten angelastet, die ansonsten von der öffentlichen Hand getragen würden. Die Internalisierung der Sozialkosten wird teilweise bereits über die Besteuerung alkoholischer Getränke praktiziert. Den KonsumentInnen (und damit *potenziellen* Verursachern) werden *im Sinne der Verursachergemeinschaft* entsprechend der Menge konsumierten Alkohols Sozialkosten angelastet. Dies entspricht einer risiko- bzw. verbrauchsabhängigen Kostenbelastung.[20]

— Eine *fallbezogene, somit auf einzelne Verursacher ausgerichtete* Sozialkostenabgabe ist theoretisch denkbar. Hiernach müssten Verursacher die durch sie verursachten Kosten für beanspruchte soziale und medizinische Dienstleistungen selbst tragen. Jedoch dürften nicht nur die KonsumentInnen (Adressaten der Suchthilfe) zur Verantwortung gezogen werden. Damit würden sie diskriminiert *(blaming the victim)*. Alle weiteren beteiligten Verursacherparteien (Produzenten, Akteure im Vertrieb usw.) müssten ebenfalls in die Verantwortung miteinbezogen werden. Zudem besteht das Risiko, dass die fallbezogene Anlastung der Sozialkosten weitere Sozialkosten (z.B. Überschuldung) generiert, statt die Allgemeinheit finanziell zu entlasten.

— *Handel mit Alkoholkonsumzertifikaten:* Ein Handel mit Konsumzertifikaten ist bei den KonsumentInnen in Form von Bezugsmarken theoretisch denkbar. Mit diesen Zertifikaten sind die einzelnen KonsumentInnen berechtigt, an bestimmten Bezugsstellen Alkohol zu kaufen. Die

Anzahl der Verkaufs- und Abgabestellen (Restaurants, Diskotheken, Warenhäuser usw.) könnte entsprechend der heutigen Situation beibehalten oder reduziert werden. Bezugsmarken könnten zudem nur für bestimmte riskantere Alkoholsorten oder -mengen eingeführt werden (Spirituosen). Der Handel mit Konsumzertifikaten würde den Alkoholkonsum vermutlich verteuern und die Konsummenge reduzieren. Die dargelegten rigorosen Maßnahmen erfordern weiterführende Überlegungen zur Praktikabilität, zum Schwarzmarkt und zu dessen Kontrolle.[202]

Maßnahmen können auch bei Akteuren der Suchthilfe, des Gesundheits- und Sozialbereichs und der öffentlichen Verwaltung genannt werden:

— *Buße/Strafe*: Bei mangelhafter Professionalität (z.B. infolge Frustration der Helfenden) und fahrlässiger Untätigkeit oder Handlung (Nichtausschöpfen aller Möglichkeiten, die zu einer Reduktion der durch Alkohol verursachten Probleme führen würde) werden bestimmte Akteure gebüßt.[203] Schiedsgerichte entscheiden für die Allgemeinheit, welches Verhalten so eingestuft werden muss und welche Buße auszusprechen ist.
— *Anlastung der sozialen Zusatzkosten*: Akteure, die nachweislich dazu beitragen, dass «Alkoholprobleme» verlängert oder konsolidiert werden – etwa durch Förderung von persönlicher und administrativer Abhängigkeit von Klienten, Stigmatisierung, falsche Diagnosen oder unwirksame «Heilungsmethoden»–, sollen einen Beitrag zur Internalisierung der durch sie verursachten Sozial(mehr-)kosten leisten.[204] Dies wäre beispielsweise in Form einer Abgabe in einen zweckbestimmten Fonds denkbar, der auch Rückerstattungen an Geschädigte ermöglicht. Auch könnte eine Haftpflichtversicherung für Akteure im Gesundheits- und Sozialbereich erwogen werden.

Abschließende Betrachtungen

Die konkrete Anwendung des VP könnte im Alkoholbereich mit verschiedenen Folgeproblemen verbunden sein, die einer Prüfung bedürfen. So könnte das VP zu Veränderungen in der Landwirtschaft (Weinbauern) führen und die Entwicklung eines Schwarzmarktes für Alkohol fördern. Zu den weiteren allgemeinen Herausforderungen zählen beispielsweise die Bemessung der Sozialkosten und ihre Aufteilung auf die verschiedenen Verursacherparteien und der administrative Aufwand der Maßnahmen.

Wir haben gesehen, dass *Produzenten und Akteure* im Vertrieb im Bereich der KV und der bisherigen Alkoholbesteuerung keinen Beitrag leisten. Das VP würde dazu führen, dass sich diese Verursacherparteien solidarisch an den Sozialkosten beteiligen, denn Produktion und Vertrieb sind als Mitverursacher von Alkoholproblemen zu bezeichnen. Die Anwendung des VP hätte bei ihnen eine explizite Einbindung in die Finanzierung von Prävention, Schadensbehebung und Schadenskompensation zur Folge, was zu einer Verringerung der Sozialkosten führen dürfte.

Bei den *KonsumentInnen* ist mit der Durchsetzung des VP zu befürchten, dass die fallbezogene Anlastung der Sozialkosten an *einzelne Verursacher* statt einer finanziellen Entlastung der Allgemeinheit weitere Sozialkosten hervorruft. Zudem könnten mit der finanziellen Mehrbelastung die Lebensgrundlagen der betroffenen Personen und Familien in einem bedrohlichen Ausmaß gefährdet werden. Zu prüfen wäre, ob KV-Bedingungen (Prämienhöhe, Franchisen und Selbstbehalte) bei einer Schadensverursachung angepasst werden könnten (ähnlich der Automobilfahrerversicherung), sofern die ökonomische Belastung nicht zu einer existenziellen Bedrohung der Betroffenen führen. Demgegenüber erscheint die Durchsetzung des VP bei der Gesamtheit der KonsumentInnen als «Quasi-Verursachergemeinschaft» grundsätzlich möglich. Infolgedessen würden alkoholische Getränke zwecks Internalisierung der Sozialkosten verteuert. Neben der Entlastung der öffentlichen Hand und der KV hat Verteuerung, Verknappung, Rationierung und/oder Besteuerung des Alkohols eine Präventivwirkung, die den Konsum in der Gesamtbevölkerung verringern dürfte.

Das Verursacherprinzip im Arbeitslosenbereich

Problemstellung – Auswirkungen – Verursachung

Wer seine Arbeit verliert und wem der Zugang zur Arbeit verschlossen ist, wird einem Armutsrisiko ausgesetzt. Unstetigkeit und Unsicherheit in der Beschäftigung oder ein nicht existenzsicherndes Einkommen *(Working Poor)* können als Unterbeschäftigung und Vorstufen des Arbeitslosenszenarios bezeichnet werden. Insbesondere lange andauernde Arbeitslosigkeit kann Humankapitalverlust zur Folge haben: «Wenn ausgebildete Fachkräfte ihre Funktion für immer verlieren oder wechseln, gehen auch berufliche Fähigkeiten und angeeignetes Wissen verloren, was gleichbedeutend ist wie Arbeitseffizienz und Produktivität.»[205] Auch die materiell schwer bezifferbaren sozialen Folgeprobleme fallen bei Arbeitslosigkeit ins Gewicht: Arbeitslosigkeit macht krank und kann zu lange andauernden gesundheitlichen Schäden führen. STRAHM meint, dass ein nachgewiesener signifikanter Zusammenhang zwischen Arbeitslosigkeit und längeren oder häufigeren chronischen Leiden bestehe. Hinzu kommt die Abhängigkeit von Arbeitslosengeld, Sozialhilfe und IV.[206] Weiter muss davon ausgegangen werden, dass Arbeitslosigkeit zu Eigentums- und anderen Delikten führen kann.

Fokussiert man auf die *Entlassung* als primäre Schadensursache, die eine Kette von Folgeproblemen in Gang setzt, ist davon auszugehen, dass verschiedene Einwirkungsfelder eine Rolle spielen. Selbstverständlich ist denkbar, dass ArbeitnehmerInnen die Auflösung des Arbeitsvertrages selbst herbeiführen können (z.B. aufgrund von den Betrieb belastenden Verhaltensweisen oder indem sie das Arbeitsverhältnis aus persönlichen Gründen kündigen, ohne sich erfolgreich um eine andere Beschäftigung zu bemühen). Diese Sachverhalte sind als Selbstschädigung zu betrachten.[207] Ebenso kann der Arbeitgeber aus vielerlei Gründen kündigen. Kündigung durch den Arbeitgeber lässt sich als Fremdschädigung interpretieren, ebenso Einwirkungen Dritter, die eine Entlassung zur Folge haben (z.B. Mobbing).

Arbeitslosigkeit kann auf verschiedene strukturelle und individuelle Ursachen zurückgeführt werden. Auf *struktureller Ebene* werden oft die Anpassung an den ökonomischen Wandel, konjunkturelle Entwicklung, Rationalisierung und Automatisierung als Arbeitsplatzvernichter genannt. Zudem können allgemeinere Gesellschaftsbedingungen wie Rassismus und Sexismus relevant sein.

Auf *individueller Ebene* können ebenfalls diverse Einwirkungsfelder genannt werden, etwa Mobbing, eine persönliche Krise, persönliches Versagen oder Verschulden der ArbeitnehmerInnen, Profitziele des Arbeitgebers usw.[208] Strukturelle und individuelle Ursachen von Arbeitslosigkeit können einander ergänzen oder bedingen. Das komplexe Zusammenspiel der verschiedenen Einflussebenen ist oft kaum zu überblicken.

Darstellung 18

Ursachen der Arbeitslosigkeit auf individueller und struktureller Ebene

Strukturelle Ebene	Individuelle Ebene
– Konjunkturentwicklung: Aufschwung- und Rezessionsphasen – Strukturelle Veränderungen in der Arbeitsteilung, z.B. Arbeitsplatzverschiebung in andere Länder – Sozioökonomische Bedingungen (Qualifikation, Rassismus, Sexismus u.a.)	– Mobbing – Private Krise, persönliches Versagen oder Verschulden der ArbeitnehmerInnen – Profitziele des Arbeitgebers etc.

© Piñeiro/Wallimann

Bisherige Reaktionsmuster

Im Folgenden wird eine Auswahl bisheriger gesellschaftlicher Reaktionen auf das soziale Problem «Arbeitslosigkeit» dargestellt. Hinsichtlich *Prävention (Vorsorge)*[209] sind folgende Maßnahmen zu nennen:

— Maßnahmen der ALV und der regionalen Arbeitsvermittlungszentren RAV: frühzeitige Information, Vermittlung, Beratung usw.;
— Maßnahmen der GAV-Partner: Präventionsmaßnahmen zur Verhinderung von Entlassungen, Sozialplan im Sinne einer Verhinderung von Arbeitslosigkeit mittels frühzeitiger Arbeitsplatzvermittlung, Rechtsdienst usw.;
— Maßnahmen der Politik (Bund und Kantone) zur Förderung der Beschäftigung (wirtschaftspolitische und arbeitsmarktpolitische Maßnahmen:[210] Arbeitsmarktmaßnahmen, Aufsicht über die Einhaltung der gesetzlichen Vorschriften im Arbeitsbereich, Humanisierung der Arbeitsbedingungen, ArbeitnehmerInnenschutz, Arbeit und Gesundheit, Währungspolitik, Außenhandelsförderung, Ankurbelung der Nachfrage, generelle Förderung der Ausbildung usw.[211]

Im Bereich der *Behandlung (Nachsorge)*[212] können folgende Maßnahmen angeführt werden:

— Maßnahmen der ALV und der regionalen Arbeitsvermittlungszentren RAV: Lohnersatz, Vermittlung von Arbeitsplätzen, individuelle Aus- und Weiterbildung, Eingliederungshilfe, Pendlerkostenbeiträge usw.;[213]
— Maßnahmen der GAV-Partner: Vermittlung von Arbeitsplätzen, Umschulung und Weiterbildung, Sozialplan im Sinne von frühzeitiger Arbeitsplatzvermittlung, Rechtsdienst usw.;
— Maßnahmen verschiedener Akteure im Sozialbereich: arbeits- und nichtarbeitsspezifische Maßnahmen zur soziokulturellen und Arbeitsmarktintegration, Umschulung und Weiterbildung, Behandlung von gesundheitlichen und sozialen Sekundärproblemen usw.;
— Maßnahmen des Staatssekretariats für Wirtschaft (seco), der kantonalen Arbeits- und Arbeitsmarktbehörden (KIGA) und Maßnahmen auf Gemeindeebene: Schaffung von Strukturen der Arbeitslosenhilfe, Arbeitsbeschäftigungsprogramme, Sozialpläne.

Negative Externalitäten und Sozialkosten

Arbeitslosigkeit kann sich als tatsächlich eingetretener, messbarer Schaden manifestieren. «Zukünftige Arbeitslosigkeit» kann sich als messbares vorausgehendes Risikoverhalten manifestieren, falls Zusammenhänge zwischen Arbeitslosigkeit und Risikofaktoren erkannt werden.

Arbeitslosigkeit bzw. Teilarbeitslosigkeit, Entlassungen durch die Arbeitgeber (Fremdschädigung) oder Kündigung eines Arbeitsverhältnisses durch ArbeitnehmerInnen (Selbstschädigung, oder im Falle von Mobbing Fremdschädigung) müssen *per se* als negative Externalitäten betrachtet werden. Die Aufhebung des Arbeitsverhältnisses ohne Beschäftigungsalternative ist in den meisten Fällen mit Belastungen der Allgemeinheit verbunden. Beim Individuum selbst kann Arbeitslosigkeit ebenfalls mannigfaltige Folgeprobleme generieren (sozial und gesundheitlich), was in den häufigsten Fällen Belastungen bei Dritten zur Folge hat. So entstehen Sozialkosten

— durch Ersatz von nicht mehr vorhandenem Einkommen (ALV als Teilkompensation);
— durch Maßnahmen zur Verhütung und Bekämpfung der Arbeitslosigkeit (Leistungen der ALV/RAV, des Bundesamtes für Sozialversicherungen, der Sozialdienste usw.);
— durch den mittel- bis langfristig anhaltenden Verlust von Humankapital (der teilweise unwiederbringliche Verlust an Know-how sowie notwendig werdende Bildungs- und Ausbildungsinvestitionen);
— durch soziale und gesundheitliche Folgeprobleme (Leistungen des Gesundheits- und Sozialwesens, der Sozialhilfe oder IV);
— durch Kriminalität und Schwarzarbeit (Eigentumsdelikte, Polizeikosten, Verlust bei Sozialversicherungen und Steuereinnahmen usw.).

Die Jahresrechnung 1998 der ALV weist 6 208 Millionen Franken Ausgaben aus.[214] STRAHM beziffert die bei der öffentlichen Hand anfallenden Kosten für eine arbeitslose Person auf jährlich 46 000 Franken. Der Humankapitalverlust wird von ihm als noch kostspieliger betrachtet.[215]

Bisherige Praxis der Zurechnung von Kosten und inhaltlich-konkreter Verantwortung

Sozialkosten, die mit der eigentlichen Arbeitslosigkeit zusammenhängen, werden primär von der ALV getragen. Die ALV wird hauptsächlich durch Beiträge der Versicherten und Arbeitgeber (je zur Hälfte) finanziert.[216] Die Beiträge werden nicht nach Kriterien des VP differenziert, womit wir ein Finanzierungssystem nach dem Gemeinlastprinzip vorfinden. Die Allgemeinheit bildet im Falle der ALV die Gesamtheit aller beteiligten Versicherungsprämienzahler.

Für Kosten aus *Folgeproblemen* im Justizbereich und bei gesundheitlichen Schäden kommen Steuergelder und die KV oder IV auf. Wie wir bereits gesehen haben, spielt bei diesen Sozialversicherungen die Verursacherorientierung ebenfalls eine zu vernachlässigende Rolle.

Können Probleme, die mit Arbeitslosigkeit verbunden sind, nicht einer Sozialversicherung zugeordnet werden, so ist die Sozialhilfe zuständig. Auch sie wird über Steuergelder finanziert, ebenso die Ergänzungsleistungen (EL) zur IV, die ebenfalls beansprucht werden. Ferner ist zu beachten, dass ein Teil der durch Arbeitslosigkeit verursachten Probleme von den Betroffenen selbst getragen wird (etwa nicht gemeldete Arbeitslosigkeit, Kreditaufnahmen, Kosten für Bildung usw.).

Bei der Zurechnung der durch Arbeitslosigkeit verursachten Sozialkosten finden wir hauptsächlich ein System vor, das die Allgemeinheit und die «Opfer» von Arbeitslosigkeit belastet. Die Verursacherorientierung wird vernachlässigt, womit das Gemeinlastprinzip zum Tragen kommt. Eine Belastung der Verursacher ist ausschließlich bei groben Verstößen gegen das Arbeitslosengesetz vorgesehen und wird meist nur bei einem Verschulden der anspruchsberechtigten Personen, der Arbeitslosen, angewendet.[217]

Zumessung der Verantwortung

Verursacher

Aufgrund der bisherigen Ausführungen können folgende (potenzielle) Verursacherparteien identifiziert werden:

— *ArbeitnehmerInnen:* Negative Externalitäten/Sozialkosten können entstehen, wenn ArbeitnehmerInnen ein Arbeitsverhältnis kündigen oder ein

Risiko eingehen, das die Beanspruchung von Dienst- oder Transferleistungen der Sozialversicherungen oder der Sozialhilfe zur Folge hat.
— *Arbeitgeber:* Negative Externalitäten/Sozialkosten können entstehen, wenn Arbeitgeber entlassen oder ein unternehmerisches Risiko eingehen (Managementfehler, Missmanagement), das schließlich zu Dienst- oder Transferleistungen der Sozialversicherungen oder der Sozialhilfe führt, oder wenn Spielräume, Arbeitslosigkeit zu verhindern oder Sozialkosten zu minimieren, nicht ausgeschöpft werden.
— *Öffentliche Verwaltung (politische Exekutive) und weitere Steuerorganisationen im Wirtschaftsbereich (z.B. die Nationalbank[218]):* Es ist denkbar, dass diese Akteure dem Vorbeugen von Arbeitslosigkeit zu wenig Beachtung schenken, indem sie Handlungsspielräume (z.B. Konjunktursteuerung und Beschäftigung, Koordination des Stellenmarktes über die RAV, Maßnahmen zur Einhaltung des Arbeitsrechtes bei Entlassungen usw.) nicht oder zu wenig nutzen und dadurch vermeidbare Arbeitslosigkeit in Kauf nehmen.
— *Akteure im Sozial- bzw. Arbeitslosenbereich (Dienstleistungserbringer):* Negative Externalitäten/Sozialkosten können entstehen, wenn der professionelle Umgang mit arbeitslosen Menschen zu keiner Verbesserung oder gar zu einer Verschlechterung ihrer Situation führt, indem z.B. strukturell bedingte Arbeitslosigkeit individualisiert wird und dadurch einzelne stigmatisiert werden oder wenn Arbeitslose in Abhängigkeit gehalten und bloß verwaltet werden. Dadurch wird bei Betroffenen das Problem vertieft und Humankapital verschleudert.
— *Unklarer Verursacher (Black Box):* Zu den unklaren Verursachern müssen gezählt werden:
  — *Akteure der «anonymen Marktwirtschaft»*, die als anonyme Summe durch ihre Handlungsweisen unbeabsichtigte soziale und wirtschaftliche Folgen erzeugen, die mit Arbeitslosigkeit in Verbindung gebracht werden können, z.B. Konjunkturzyklen, strukturelle Veränderungen auf dem Arbeitsmarkt, in der internationalen Arbeitsteilung, im Auf und Ab von Wirtschaftszweigen.
  — *Akteure, die auf soziale und kulturelle Bedingungen einwirken*, z.B. Akteure, die die Arbeitskultur und -psychologie einer Gesellschaft prägen und dabei Arbeits- und Lebensbiografien entscheidend prägen: Normen, Werte, Sitten und Bräuche einer Gesellschaft im Umgang mit Arbeit und Arbeitskräften (Überstunden, Festhalten an Arbeitslosigkeit statt Teilzeitarbeit, Höhe der Jahresarbeitszeit).

Darstellung 19
Tatsächliche und unklare Verursacher

Identifizierbarer Verursacher	Unklarer Verursacher (Black Box)
– ArbeitnehmerInnen – Arbeitgeber – Öffentliche Verwaltung, Nationalbank – Akteure im Sozial- bzw. Arbeitslosenbereich (Dienstleistungserbringer)	– Akteure der anonymen Marktwirtschaft – Akteure, die auf soziale und kulturelle Bedingungen einwirken

© Piñeiro/Wallimann

Kausalität

Bei tatsächlichen Verursachern weisen die bisherigen Ausführungen auf folgende Sachverhalte: Arbeitslosigkeit lässt sich als negativer externer Effekt betrachten, der Sozialkosten produziert.

— Arbeitslosigkeit lässt sich auf eine Ursache (Entlassung, Kündigung eines Arbeitsverhältnisses) zurückführen.
— Einen Kausalzusammenhang zwischen der Problemverursachung und bestimmten (Mit-)Verursachern ist bei ArbeitnehmerInnen, Arbeitgebern, der öffentlichen Verwaltung, der Nationalbank und Akteuren im Sozial- bzw. Arbeitslosenbereich (Dienstleistungserbringer) denkbar.
— Bei allen identifizierten (tatsächlichen) Verursacherparteien ist grundsätzlich denkbar, sie als Verursacher in Form der Verursachergemeinschaft zu betrachten. Es muss davon ausgegangen werden, dass Akteure sich gegenseitig beeinflussen und aufgrund gemeinsamer ökonomischer Interessen («Klasseninteressen») eng miteinander verflochten sind.

Bei nicht identifizierbaren Verursachern sind folgende Punkte zu berücksichtigen:

— Als Akteure einer strukturellen, ökonomischen, sozialen und kulturellen Verursachung (Konjunkturentwicklung, Arbeitszeitregelung, strukturelle Benachteiligung von Ausländern und Frauen usw.) lassen sich nur schwer einzelne Individuen oder Organisationen identifizieren. Ein Kausalzusammenhang zwischen Schaden, Ursache und Verursachung ist kaum nachweisbar. Betrachtet man jedoch die Gesamtheit der Akteure, das Kollektiv im Sinne einer Verursachergemeinschaft (Wirtschaftsverbände, Industrie-

zweige), könnten unter Umständen Möglichkeiten zur Anwendung des VP eruiert werden.
— Bei Akteuren, die auf der biografischen Achse Bedingungen geprägt und dadurch als Wegbereiter einer benachteiligenden Arbeitsmarktstellung gewirkt haben könnten, gestaltet sich der Kausalitätsnachweis äußerst schwierig. u. a. können auch aufgrund der zeitlichen Dimension (Wandel der Werte und Normen im Zeitverlauf) multiple Ursachen kaum mehr auseinander gehalten werden.

Grundsätzlich kann Arbeitslosigkeit auf einen klar identifizierbaren Sachverhalt zurückgeführt werden. Unklar bleiben Kausalzusammenhänge dennoch, wenn sie auf struktureller Ebene oder auf einer biografischen und/oder Werte- und Normen-Achse anzusiedeln sind (Black Box). Trotzdem ist Arbeitslosigkeit *nicht als Gefahr* im Sinne einer «Naturgewalt» einzustufen: Arbeitslosigkeit ist nicht Folge von «höherer Gewalt», sondern wird von Menschen verursacht und kann demzufolge durch menschliches Handeln beeinflusst werden.

Zumessung der Verantwortung

Können Verursacher identifiziert werden, so lässt sich auch die Verantwortung für die durch Arbeitslosigkeit verursachten Probleme und Kosten zumessen, und zwar

— als Folge der Verursachereigenschaft (wenn Arbeitslosigkeit bereits eingetreten ist) und
— aufgrund der Verursachereigenschaft (wenn ein vorgängiges, spezifisches oder überdurchschnittliches Risiko besteht, dass Arbeitslosigkeit eintreten könnte).

Zielrichtungen des Verursacherprinzips im Arbeitslosenbereich

Ziel ist es, die *soziale Gerechtigkeit durch den Lastenausgleich* wie folgt zu fördern:

— In den zuvor skizzierten Fällen, in denen das VP angewandt werden kann, soll ein Lastenausgleich zwischen Verursachern und der Allgemeinheit erreicht werden – sofern die Verursacher in der Lage sind, die finanzielle Last zu übernehmen, ohne dass dabei weitere psychosoziale,

gesundheitliche und andere Folgeprobleme entstehen (sozialethisches Prinzip).
— In allen Fällen, in denen ein vermeidbares Risiko eingegangen werden soll, das Arbeitslosigkeit zur Folge haben könnte (z.B. Fusionen, Kapitalexport, Direktinvestitionen im Ausland, mangelnde Bereitschaft, Kurzarbeit einzuführen usw.), soll ein risikoorientierter Lastenausgleich zwischen Verursachern und der Allgemeinheit erreicht werden.

Ziel ist es, auch *soziale Nachhaltigkeit durch Anreiz zu präventivem Verhalten* zu fördern:

— Arbeitslosigkeit und dadurch verursachte Folgeprobleme sind zu vermeiden: Durch die Anlastung der Sozialkosten sollen Verursacher von vermeidbaren negativen Externalitäten einen Anreiz erhalten, Aktivitäten und Risiken zu vermeiden, die zu Arbeitslosigkeit führen könnten.
— Anreiz zu präventiven Verhaltensweisen sollen nicht nur ArbeitnehmerInnen, sondern *alle genannten Verursacherparteien* erhalten.

Anwendung

Maßnahmen im Bereich der sozialen Sicherung

Bei den ArbeitnehmerInnen lassen sich folgende Maßnahmen diskutieren:
— *Risikodefinierte Versicherungsbeiträge an die ALV:* Je nach Risikoinkaufnahme wird der ArbeitnehmerInnenbeitrag an die ALV erhöht oder vermindert (Bonus-Malus).
— *Erhöhung der Franchise bei Taggeldbezug aufgrund selbst verschuldeter Arbeitslosigkeit:* Je nach Risikoinkaufnahme wird eine Jahresfranchise erlassen, erhöht oder gesenkt.[219]
— *Erhöhung des Selbstbehalts bei Taggeldbezug aufgrund selbstverschuldeter Arbeitslosigkeit:* Je nach Risikoinkaufnahme wird bei Bezug von Taggeldern ein Selbstbehalt erlassen, erhöht oder gesenkt.[220]

Bei den Arbeitgebern sind zu nennen:
— *Risikodefinierte Versicherungsbeiträge an die ALV:* Je nach Risikoinkaufnahme wird der Arbeitgeberbeitrag an die ALV erhöht oder vermindert (Bonus-Malus für einzelne Verursacher und/oder Verursachergemeinschaften, z.B. Wirtschaftszweige).

Verursacherprinzip-Instrumente außerhalb der sozialen Sicherung

Bei den Arbeitgebern lassen sich folgende Maßnahmen anführen:

— *Entlassungssteuer:* Je nach Risikoinkaufnahme werden Entlassungen bei Firmen bzw. der Abbau von Personal besteuert. Denkbar ist, dass pro Entlassung ein bestimmter Prozentsatz der Lohnjahressumme erhoben wird. Die Besteuerung könnte sich ferner nach der aktuellen Arbeitslosenquote bemessen. Eine weitere Variante könnte zur Bestimmung der Steuer die Gewinne und das Vermögen der Firma heranziehen.[221] Die Einnahmen fließen den durch Arbeitslosigkeit belasteten sozialen Versicherungs- und Dienstleistungsorganisationen zu.

— *Entlassungszertifikate:* Entlassungen dürfen nur bei Vorliegen bestimmter Zertifikate vorgenommen werden. Ansonsten müssen Entlassungen mit Neueinstellungen kompensiert werden. Entsprechend dem aktuellen Sozialkostenaufwand, der durch Arbeitslosigkeit verursacht wird, werden Menge und Preis der Zertifikate von der öffentlichen Verwaltung definiert. Menge und Preis können sich auch aufgrund eines Marktmechanismus einpendeln: Je größer die Nachfrage nach Zertifikaten, desto höher der Preis.[222]

— *Buße/Strafe:* Bei besonderen Risikoinkaufnahmen wird eine Firma zusätzlich zur Sozialkostenabgabe noch strafrechtlich belangt. Ein Schiedsgericht entscheidet, welches Managementverhalten ein besonderes Risiko darstellt.

— *Lenkungsabgaben:* Für stark nachgefragte Arbeitskräfte werden der Nachfrage entsprechend hohe Abgaben geleistet (eine Art MWST für ArbeitnehmerInnen); wenig nachgefragte Arbeitskräfte sollen nicht oder kaum belastet werden. Dadurch wird der «Verbrauch an vermeintlich hochwertigen Humanressourcen» verteuert, womit die Lohnkosten steigen. Zudem könnten Arbeitgeber, die ihre Mitarbeiter fortlaufend ausbilden, mit einem entsprechend den von ihnen geleisteten Ausbildungskosten geringeren Abgabesatz belastet werden. Infolgedessen würden sie einen Anreiz erhalten, weniger nachgefragte Arbeitskräfte einzustellen oder diese umzuschulen oder auszubilden.

— *Hinsichtlich Verursachergemeinschaft:* Maßnahmen können auch bei einer Gesamtheit aller Arbeitgeber ansetzen, die ein erhöhtes Risiko aufweisen, «Arbeitslosigkeit» zu produzieren – beispielsweise in einem bestimmten Wirtschaftszweig.

Maßnahmen, die bei der öffentlichen Verwaltung oder der Nationalbank ansetzen, könnten sein:

— *Sozialkostenbeiträge bei Verwaltungsstellen:* Nutzen Verwaltungsstellen ihren Spielraum nicht aus, um Arbeitslosigkeit abzubauen, zu verhindern oder Präventivmaßnahmen konsequent durchzusetzen, werden sie zu Sozialkostenbeiträgen verpflichtet. Ein Schiedsgericht entscheidet, welche Verhaltensweisen zu welchen Abgaben führen und wie hoch diese sein sollen.

— *Buße/Strafe/Haftpflichtversicherung:* Öffentliche Verwaltung und Nationalbank werden gebüßt, wenn sie mit dem ihnen gegebenen Spielraum eine Politik vorantreiben, die nachweislich eine Erhöhung der Arbeitslosigkeit zur Folge hat. Zudem müssen Akteure mit angemessenen strafrechtlichen Folgen rechnen, falls sie vorsätzlich Arbeitslosigkeit generieren. Denkbar ist, dass die negativen Folgen eines Entscheids[223] mittels Haftpflichtversicherung gedeckt werden. Die Nationalbank würde sich so z.B. gegen vermehrte Arbeitslosigkeit als Folge ihrer Geschäftspolitik oder «Kunstfehler der Ökonomen» versichern.[224] Schiedsgerichte könnten in solchen Fällen angerufen werden.

VP-Maßnahmen, die bei Akteuren im Sozial- bzw. Arbeitslosenbereich ansetzen:

— *Sozialkostenabgaben:* Organisationen im Sozial- und Arbeitslosenbereich, die nachweislich dazu beitragen, dass Arbeitslosigkeit bei Betroffenen verlängert oder konsolidiert wird,[225] müssen Beiträge zur Internalisierung der durch sie verursachten Sozial(mehr-)kosten leisten. Da diese Akteure meist aus öffentlichen Geldern finanziert werden, soll ein Schiedsgericht angerufen werden können, das die Lage beurteilt und gegebenenfalls Abgaben bestimmt.

Abschließende Betrachtungen

Ähnlich wie im Alkoholbereich muss vermutlich auch im Arbeitslosenbereich bei der Anwendung des VP mit verschiedenen Folgeproblemen gerechnet werden. Die Attraktivität des Wirtschaftsstandortes könnte sich (wie bei der Anwendung des VP im Umweltbereich) für das international mobile Kapital verschlechtern – je nachdem, zu welchem Prozentsatz die ALV (oder die Sozialpolitik insgesamt) schon durch die Arbeitgeber finanziert wird.[226] Anderseits ist zu berücksichtigen, dass die Internalisierung der Sozialkosten für die Volkswirtschaft zu Ersparnissen führt und das gesamte gesellschaftliche und wirtschaftliche Umfeld dadurch nachhaltig eine Aufwertung erfährt.[227] Die Bemessung und Aufteilung von Sozialkosten auf einzelne Verursacher würde eine gesellschaftspolitisch klärende Herausforderung bedeuten.

Wir haben gesehen, dass die Arbeitgeber je zur Hälfte (gemeinsam mit den ArbeitnehmerInnen) Beiträge an die ALV leisten. Diese Beiträge werden jedoch nicht nach Kriterien des VP differenziert. Würde das VP angewendet, so könnten Arbeitgeber, die ihren Betrieb sozial nachhaltig gestalten, von Sozialkosten (z.B. von heute geleisteten Beiträgen an die ALV) entlastet werden.[228] Es würde so der Anreiz verstärkt, als Arbeitgeber sozial nachhaltiger zu planen, was wiederum Sozialkosten reduzieren würde. Zugleich könnte der Lastenausgleich gerechter gestaltet werden.

Die Anwendung des VP bei den Arbeitslosen selbst wirft ethische Fragen auf: Auch wenn die Anwendung des VP im Bereich der ArbeitnehmerInnen eine gerechtere Lastenverteilung beinhaltet, würde die fallbezogene Anlastung der Sozialkosten an *einzelne Verursacher* oft zu weiteren Sozialkosten führen statt zu einer finanziellen Entlastung der Allgemeinheit.

Das Verursacherprinzip in weiteren Problemfeldern: punktuelle Betrachtungen

Im Sinne einer zusammenfassenden Übersicht sollen weitere soziale Problemfelder nun fragmentarisch betrachtet werden. Ziel ist es, die VP-relevanten Aspekte hervorzuheben und knapp zu skizzieren, wie das VP nach der bisher vorgestellten Systematik gedacht werden könnte.

Das Verursacherprinzip im Bereich Invalidität

Invalidität wird nach IV verstanden als körperlicher oder geistiger Gesundheitsschaden, der als Folge von Geburtsgebrechen, Krankheit oder Unfall entstanden ist und eine bleibende oder längere Zeit dauernde Erwerbsunfähigkeit verursacht hat bzw. verursachen wird.[229]

Hinsichtlich des VP müssen Geburtsgebrechen, die nicht auf Risikoinkaufnahme während der Schwangerschaft oder auf medizinische Eingriffe zurückzuführen sind, ursächlich von Invalidität als Folge von Krankheit und Unfall unterschieden werden. Letztere können in viel größerem Ausmaß durch gesundheitsschädigende Risikoinkaufnahme oder gesundheitsbewusste Lebensführung beeinflusst werden (Risiko, nicht Gefahr). Hier stellen sich Aufgaben der Prophylaxe. Viele Geburtsgebrechen müssen ursächlich als Gefahren betrachtet werden, die nicht durch menschliche Handlungen herbeigeführt wurden. Sie sind somit als «Produkte des Zufalls» ohne Zutun eines Verursachers zu betrachten.

Anwendung des Verursacherprinzips

Die Anwendung des VP im Falle von Invalidität lässt sich am deutlichsten bei *berufsbedingter Invalidität oder berufsbedingten Krankheiten, die eine Invalidität zur Folge haben,* festmachen, wie z. B. bei

— anhaltenden Körperschäden, die aufgrund von körperlichen Fehl- oder Überbelastungen entstehen oder
— anhaltenden psychischen Beeinträchtigungen, die auf Arbeitsbelastungen zurückgeführt werden können, etwa im Rahmen monotoner Arbeitsgänge, Arbeitstempo oder Arbeitsklima;
— anhaltenden Schäden durch das Arbeiten mit schädlichen Stoffen oder in gefährlichem Umfeld (z. B. Abgase, Chemikalien) ohne adäquate Schutzvorrichtungen.

Auch bei *Berufsunfällen,* welche die genannten Beeinträchtigungen zur Folge haben, kann das VP zum Tragen kommen. Demgegenüber gibt es behindernde Berufskrankheiten, deren Ursache nicht erfasst werden kann, weil zu viele Faktoren über einen längeren Zeitraum einwirken (z. B. bei Krebserkrankungen, psychischen Krankheiten). Bei solchen Black-Box-Situationen kann die Verantwortung für Invalidität evtl. nicht auf bestimmte Akteure abgewälzt werden. Jedoch können Verursacher und Zumessung der Verantwortung bei Invalidität *aufgrund von Berufskrankheiten und -unfällen* (mit klarer Ursache) ähnlich den vorangehenden ausführlichen Beispielen diskutiert werden. Berufsfelder und -tätigkeiten mit erhöhtem Krankheits- und Unfallrisiko müssen verursacherlogisch, differenziert nach zugeführtem Schaden in Betracht gezogen werden – so z. B. bei Körperschädigungen und überdurchschnittlichen körperlichen Abnutzungen wie Rückenkrankheiten oder Gehörschäden. Offensichtliche Verursacherparteien sind Arbeitgeber und ArbeitnehmerInnen.[230] Bei den ArbeitnehmerInnen dürfen verursacherorientierte Prämienbelastungen nur im Falle von Missachtung von Arbeitsregeln und -bestimmungen (Selbstverschuldung) erfolgen, denn sie können die Sicherheitsbedingungen und körperlichen Belastungen am Arbeitsplatz kaum bestimmen.[231] Bei der soeben skizzierten Problemstellung ist eine schichtspezifische Thematik eingewoben: Bestimmte Schichten Erwerbstätiger (mit niedrigem Bildungsgrad oder sozial benachteiligte Bevölkerungsgruppen wie MigrantInnen) können sich die Arbeit weniger aussuchen, sind aber auf existenzsichernden Erwerb angewiesen. Oftmals arbeiten sie dadurch in Arbeitsfeldern mit hohen körperlichen und psychischen Belastungen.[232] Bei diesen ArbeitnehmerInnen kann das VP nicht angewendet werden. Anders verhält es sich mit der Anwendung des VP, wenn risikoreiche Arbeitsbedingungen für ArbeitnehmerInnen «frei» gewählt werden können – vielleicht obwohl eine andere, weniger riskante, jedoch existenzsichernde Erwerbstätigkeit ausgeübt werden könnte. Hier sollten die negativen Konsequenzen des Risikos mitgetragen werden.

Kostenträger Invalidenversicherung (IV) und Unfallversicherung (UV)

Wird eine Invalidität festgestellt, so ist primär die IV tangiert. Sie wird hauptsächlich durch Beiträge der Versicherten und der Arbeitgeber finanziert. Hinzu kommen Beiträge des Bundes und der Kantone. 1999 verbuchte die IV 7562 Millionen Franken Einnahmen gegenüber Ausgaben in der Höhe von 8362 Millionen, wobei ein Fehlbetrag von 799 Millionen entstand.[233] Ähnlich wie die ALV funktioniert die IV nach dem Gemeinlastprinzip. Die Gesamtheit der Arbeitgeber und ArbeitnehmerInnen stellt hier die Allgemeinheit (Gesamtheit aller Prämienzahler) dar. Die IV kennt keine verursacherorientierten Versicherungsbeiträge. Die Einführung des VP würde die Versicherungsprämien nach Branchenrisiko berechnen oder Anreizinstrumente wie Franchisen oder Selbstbehalte bei Versicherungsleistungen der IV einführen. Die Anhebung von Versicherungsprämien und die Einführung von Franchisen oder Selbstbehalten müsste bei den direkt Betroffenen unter Berücksichtigung finanzieller und ethischer Kriterien erfolgen.

Als weiterer Kostenträger ist die *Unfallversicherung (UV)* zu nennen. Alleine die SUVA entschädigt jährlich rund eine Viertelmillion Berufsunfälle und in ca. 5000 Fällen Berufskrankheiten. Diese Zahlen signalisieren viel menschliches Leid und gewaltige wirtschaftliche Schäden.[234] Im Falle von Invalidität bei Unfall oder Krankheit steuert die UV, komplementär zur IV, einen Teil der Rentenkosten bei.

Im Gegensatz zur IV kennt die UV risikodefinierte Beiträge.[235] Deshalb hat die UV aus Sicht des VP Pioniercharakter. Die Prämienhöhe der UV wird nach einem branchenüblichen Risiko berechnet. Die Prämienbeiträge für Berufsunfälle und Berufskrankheiten trägt der Arbeitgeber. Damit wird ein Anreiz geschaffen, möglichst sichere bzw. gesundheitsschonende Arbeitsbedingungen zu schaffen.[236]

Das Verursacherprinzip im Bereich Alter

Hinsichtlich des VP im Bereich Alter sollen zwei Aspekte näher betrachtet werden: erstens die Frage der Beeinträchtigung von Erwerbsfähigkeit bei älteren Menschen und zweitens die Frage zunehmender Gebrechlichkeit mit zunehmendem Alter. Beide Problemstellungen generieren Sozialkosten im Altersbereich.

Verlust der Erwerbsfähigkeit

Im Bereich der Altersvorsorge wird Alter als «soziales Risiko» durch das Erreichen einer gesetzlich festgelegten Altersgrenze definiert, unabhängig von einem Krankheitszustand oder der realen Erwerbsfähigkeit.[237] Es wird davon ausgegangen, dass mit zunehmendem Alter sich automatisch die Wahrscheinlichkeit erhöht, dass man nicht mehr für den eigenen Lebensunterhalt sorgen kann. Faktisch wird die Erwerbsunfähigkeit von einem bestimmten Alter[238] an jedoch «künstlich» herbeigeführt: Mit Festlegung der allgemein gültigen Rentenaltersgrenze «mutieren» produktive Arbeitskräfte schlagartig zu «erwerbsunfähigen Alten». Gleichzeitig setzt die Altersversicherung (AHV) ein, die den plötzlichen Erwerbsausfall mittels Altersrente teilweise ersetzt. Die AHV soll den Existenzbedarf sichern. Wird dieses Ziel nicht erreicht, so werden die Lücken durch Ergänzungsleistungen (EL) geschlossen.[239] Dieses System der Altersvorsorge erweist sich vorerst einmal als Verursacher von Erwerbsunfähigkeit bei älteren Menschen. Aufgrund ihrer guten körperlichen und geistigen Verfassung bleiben heute viele Berentete erwerbsfähig. Auch für «alte Menschen», die in ihrer Erwerbsfähigkeit tatsächlich beeinträchtigt sind, gäbe es (wie für Behinderte) adäquate und produktive Erwerbsmöglichkeiten. Die so genannte Erwerbsunfähigkeit alter Menschen unterliegt deshalb einem gesellschaftlichen Definitionsprozess, der im skizzierten System der Altersvorsorge zum Ausdruck kommt und eine den Arbeitsmarkt regulierende Funktion erfüllt.[240] Das heutige Rentensystem schafft eigene externe Effekte: Zerstörung von Humankapital und Kosten der berentungsbedingten Isolation, psychosozialen und somatischen Sekundärprobleme usw.[241]

Die AHV wird nach dem Umlageverfahren finanziert. Folglich sollten die Einnahmen eines Jahres zur Deckung der Ausgaben in der gleichen Zeitspanne etwa ausreichen. Die AHV wird hauptsächlich durch die Versicherten und die Arbeitgeber finanziert. Hinzu kommen Beiträge des Bundes und der Kantone und Kapitalerträge bzw. -Verluste. 1999 standen der AHV 27 207 Millionen

Einnahmen 27 387 Millionen Ausgaben gegenüber. Das Defizit von 180 Millionen wurde dem Ausgleichsfonds belastet.[242] Die Finanzierung der AHV entspricht dem Gemeinlastprinzip. Sie kennt keine Verursacherorientierung.

Hinsichtlich der *Verursacher* ist Folgendes zu sagen: Zur Verantwortung können nur Personen, Organisationen oder eine Verursachergemeinschaft gezogen werden, jedoch nicht ein *System* wie das von der Legislative installierte Rentensystem. Deshalb stellt sich hier die Frage, wer als Verursacher bezeichnet werden kann. Anders präsentiert sich die Lage bei vorzeitiger, unerwünschter Pensionierung, auch wenn in diesem Fall nicht die AHV betroffen ist: *Soziale Folgeprobleme* aufgrund einer Frühpensionierung lassen sich aus Sicht des VP an Arbeitgeber und allenfalls auch an ArbeitnehmerInnen[243] zurückbinden.

Altersgebrechen

Primär muss unterschieden werden, welche Faktoren Altersgebrechen oder -krankheiten generieren, ob

— körperliche Veranlagung oder ein bestimmter biologischer Alterungsprozess oder
— spezifische Arbeitserfahrungen, Verhaltensweisen oder Lebensstile (Ernährungsweisen, ungenügende Bewegung, Risikosportarten, Umgang mit Suchtmitteln, Berufsbelastungen usw.).

Der biologische Alterungsprozess ist vom Menschen (noch) nicht kurzfristig beeinflussbar und hat somit den Charakter einer Gefahr. Niemand kann für den biologischen Alterungsprozess und seine Folgen verantwortlich gemacht werden. Gleichzeitig kann nicht davon ausgegangen werden, dass in jedem Fall der biologische Alterungsprozess Gebrechen verursacht. Damit verschiebt sich der Fokus vom biologischen zum sozialen Kontext. Konzentrieren wir uns auf die menschlich beeinflussbaren Risiken, können sich im Alter die Folgen einer bestimmten Arbeitsbiografie oder Lebensführung kumulieren. Große körperliche und psychische Beeinträchtigungen können die Gesundheit und Lebenserwartung im Alter wesentlich beeinflussen.[244] Exemplarisch sei von folgender Verursacherkette ausgegangen: Je mehr Dienstjahre jemand innerhalb eines gesundheitlich stark belastenden Berufs leistete, je schlechter die Arbeits- und Schutzbedingungen waren und je höher die körperliche oder psychische Arbeitsbelastung, desto geringer die Lebenserwartung und desto höher die Wahrscheinlichkeit von Gebrechlichkeit im Alter.

Bei aktivem Herbeiführen von Gesundheitsrisiken und -beeinträchtigungen, die mit zunehmendem Alter die Wahrscheinlichkeit von Gebrechlichkeit erhöhen, ist die Anwendung des VP in Betracht zu ziehen. Die Inverantwortungnahme von Verursachern für soziale Folgekosten kann verursacherlogisch gestaltet werden. Es müsste geprüft werden, welche körperlichen Abnutzungen und gesundheitlichen Belastungen zu frühzeitigen, «unnatürlichen» Gebrechen im Alter führten. Gleichzeitig muss jedoch festgestellt werden, dass Verursachungszusammenhänge über Lebensjahre hinweg undurchsichtig erscheinen. Beispielsweise dürfte sich die Unterscheidung zwischen natürlich-biologischen und biografisch-sozialen Faktoren von Gebrechlichkeit im Alter schwierig gestalten (Black Box), bis durch die Forschung gewisse Zusammenhänge besser geklärt worden sind. Ferner wäre zu eruieren, in welchem Zusammenhang die Berentung und deren Finanzierung mit arbeitsplatz- und branchenbezogener Gebrechlichkeit und verminderter Lebenserwartung stehen.[245] Hinsichtlich der AHV wäre eine Flexibilisierung des Rentenalters nach branchenspezifischer Morbiditäts- und Mortalitätsrate denkbar: Je mehr eine Erwerbstätigkeit die Gesundheit eines Menschen und somit seine Lebenserwartung mindert, desto früher hat er das Recht, sich berenten zu lassen. Verursacherlogisch müsste bei diesem Berentungssystem zudem diskutiert werden, ob alle Arbeitgeber einer bestimmten Risikobranche (Verursachergemeinschaft) einen Ausgleich zur Berentung bis zum ordentlichen Rentenalter zu leisten hätten. Ähnlich wäre auch die Anlastung der höheren Morbiditätskosten (Altersgebrechen und -krankheiten) zu diskutieren.

Schlussbetrachtung

Unsere Ausführungen zum VP haben gezeigt,

— *wie* das VP für den Umweltbereich entwickelt worden ist;
— *welche* theoretischen und praktischen Ansätze des VP sich aus der Umweltpolitik in die Sozialpolitik transferieren lassen;
— *wie* die Konstruktion des soVP aussehen könnte;
— *wie* sich die Anwendung des VP zur Handhabung sozialer Probleme exemplarisch denken ließe;
— *dass* ein gerechter Lastenausgleich zwischen Verursachern sozialer Probleme und der Allgemeinheit geschaffen werden kann, so dass Ziele der Gerechtigkeit und Solidarität erreicht werden könnten;
— *wie* mittels Anreizen zur sozialen Problemvorsorge soziale Probleme reduziert werden könnten, um Nachhaltigkeit zu fordern.

Auf mögliche Schwierigkeiten bei der Anwendung des VP wurde bereits hingewiesen. In Ergänzung dazu werden nochmals grundsätzliche Einwände und Gefahren des VP angeführt.

Zielsicherheit des Verursacherprinzips

Ob die Anwendung des VP bei den Verursachern tatsächlich eine Anreizwirkung hinterlässt, weniger soziale Probleme und Sozialkosten zu verursachen, ist eine Frage der Anwendung. Dieses Thema kann an dieser Stelle nicht weiter ausgeführt werden. Die hier geführte Diskussion zum VP in der Sozialpolitik hat deshalb eher exemplarischen Charakter. Aufgrund der vorliegenden Ausführungen kann jedoch gesagt werden, dass die Anwendung des VP bei sozialen Problemstellungen theoretisch und praktisch anwendbar erscheint.

Die Auseinandersetzung um das VP in der Sozialpolitik wurde bisher weitgehend vernachlässigt. Zwar gibt es erste zaghafte Ansätze in diese Richtung. In den Sozialversicherungen werden Kürzungen bis hin zur Verweigerung von Leistungen bei so genanntem Selbstverschulden in Erwägung gezogen.[246] Doch insgesamt werden VP-Ansätze nicht gründlich genug bedacht. Als Verursacher kommen zum Beispiel nur BezügerInnen von Sozialleistungen in Frage, nicht jedoch weitere an der Problemverursachung beteiligte Verursacher. Die Tendenz, dabei die Opfer von sozialen Prozessen und Machtsystemen zu beschuldigen, ist groß. Dies verletzt das Verantwortungs- und auch das Gerechtigkeits- und Solidaritätsprinzip. Das VP ist eng an diese Prinzipien gebunden. Gerade dann, wenn Akteure aus einer negativen Externalität Gewinn schlagen, indem sie Sozialkosten auf die Allgemeinheit abwälzen, müssen sie zwingend zu entsprechender Mitverantwortung herbeigezogen werden. Bereits zeichnen sich erste, erweiterte Anwendungen des VP ab, bei denen Hersteller von Produkten mit einem Gesundheitsrisiko wie Asbest, Medikamente, Tabak und Alkohol gerichtlich gezwungen werden, große Beträge an Opfer und/oder an die Allgemeinheit zu leisten.[247]

Gefahren des Verursacherprinzips

Die Frage nach Selbstverschulden und Haftung birgt neben den genannten Vorteilen auch Gefahren. Das VP kann zum Instrument der Marginalisierung von Opfern und von sozial und materiell schlechter gestellten Teilen der Bevölkerung verkommen. Eine leichtfertige Anwendung des VP führt zu einer Entsolidarisierung, womit die bereits benachteiligten Gesellschaftsschichten noch schwerere ökonomische Folgen zu tragen hätten.

Das VP lässt sich zudem ohne weiteres als Instrument für einen Abbau sozialstaatlicher Leistungen missbrauchen. Es wurde bereits betont, dass das Ziel des VP nicht ein Abbau der sozialen Sicherung sein kann. Das VP verpflichtet stets dazu, soziale Nachhaltigkeit und soziale Gerechtigkeit zu optimieren. Dies sind die primären und wichtigsten Zielsetzungen des soVP. Auch im Umweltbereich soll das VP keine der bereits bestehenden Umweltschutzmaßnahmen entkräften, sondern mittels eines verursachergerechten Lastenausgleichs *zusätzlich* Anreize zu umweltverträglichen, nachhaltigen Aktivitäten schaffen. Ferner soll mit dem uVP die volkswirtschaftliche Gesamtkostenrechnung verbessert werden (ökologische Bilanzierung). Dies gilt auch für das soVP. Es soll dazu dienen, die volkswirtschaftliche Kostenrechnung zu verbessern (Sozialkostenbilanzierung) und im Sinne sozialer Nachhaltigkeit die bereits bestehenden sozialstaatlichen Leistungen längerfristig sichern helfen. Ferner sollte das soVP den Verursachern Anreize zu selbstverantwortlichem Handeln geben und damit zu einer Risikominimierung und Schadensfallverhütung führen, so dass auch im Sozialbereich weniger Transfergelder und Dienstleistungen benötigt werden – womit soziale Nachhaltigkeit herbeigeführt werden kann. Dies würde die Allgemeinheit entlasten, die Sozialkostenbilanzierung optimieren und die Lebensqualität verbessern.

Als Letztes soll noch auf eine andere Gefahr des VP hingewiesen werden. Das VP beinhaltet auch die Möglichkeit, dass die Belastung öffentlicher Güter «gegen Bezahlung» toleriert wird – etwa des öffentlichen Guts Gesundheit, indem zum Beispiel gesundheitsschädigendes Handeln gegen Bezahlung zugelassen wird. Im Umweltbereich entspricht diesem Umstand die «staatlich tolerierte Verschmutzung der Umwelt gegen Entgelt». Damit bleibt jedoch die Frage offen, weshalb die nach wie vor verbleibenden Risiken von staatlicher Seite zugelassen oder tabuisiert werden und welche Interessen sich in diesem Entscheidungs- und Machtraum durchsetzen. Es erstaunt, dass *vermeidbare* soziale Probleme hingenommen und nachträglich mittels Maßnahmen im Gesundheits- und Sozialbereich «repariert» werden müssen. Das VP müsste hier und im Umweltbereich im Sinne des *Vorsorgeprinzips* zur Anwendung kommen, um der Entstehung von Schäden weitestmöglich entgegenzuwirken.

Anmerkungen

1 Der Begriff *Sozialpolitik* wird in einem umfassenden Sinne nach FÜGLISTALER-WASMER/ PEDERGNANA-FEHR verstanden: Sozialpolitik umfasst alle Maßnahmen, «welche der Verbesserung der Lebenslage und der Erhöhung der Wohlfahrt der gesamten Bevölkerung im Allgemeinen und der gesellschaftlich benachteiligten Personengruppen im Speziellen dienen». FÜGLISTALER-WASMER/PEDERGNANA-FEHR 1996, S. 112.
2 Beispiele aus dem Tagesdiskurs sind: Alcopops sollen mit einer Sondersteuer belastet werden, damit Jugendliche vom Konsum alkoholhaltiger Süßgetränke abgehalten werden (*Basler Zeitung* vom 20.6.2003); Einführung einer Entlassungssteuer bei Unternehmen, die ihren Personalbestand reduzieren (*Basler Zeitung* vom 15./16.1.2000, *Basler Zeitung* vom 26.1.2001, *Basler Zeitung* vom 7.2.2001); das Bundesamt für Gesundheit prüft, ob die Tabakindustrie für den Verkauf von Raucherwaren an Jugendliche haftbar gemacht werden kann (*Weltwoche* vom 15.2.2001); wer im Kokainrausch Auto fährt und einen Unfall verursacht, muss mit Leistungskürzungen der Unfallversicherung rechnen (*Basler Zeitung* vom 11.4.2002).
3 Vgl. dazu LOCHER 1997, S. 293 ff.
4 Zu dieser Problemstellung wurde bereits einiges publiziert; vgl. dazu FÜGLISTALER-WASMER/PEDERGNANA-FEHR 1996, S. 5f., S. 13f., 46ff., 86f; BUOMBERGER/BURGSTALLER 1998, S. 167ff.; MÄDER 2000, S. 15; RECHSTEINER 1998, S. 11ff.
5 Vgl. BUOMBERGER/BURGSTALLER 1998, S. 167f.
6 Vgl. STREMLOW/FLUDER 1999, S. 1; vgl. dazu auch FÜGLISTALER-WASMER/PEDERGNANA-FEHR 1996, S. 87.
7 Vgl. dazu MÄDER 2000, S. 16.
8 Vgl. IMMERFALL 1999, S. 181.
9 Vgl. FÜGLISTALER-WASMER/PEDERGNANA-FEHR 1996, S. 46; STREMLOW/FLUDER 1999, S. 67ff.; BUOMBERGER/BURGSTALLER 1998, S. 168.
10 Vgl. WALLIMANN/DOBKOWSKI 2003.
11 Vgl. FÜGLISTALER-WASMER/PEDERGNANA-FEHR 1996, S. 13, 86f.; STREMLOW/FLUDER 1999 S. 1ff.

12 Vgl. STREMLOW/FLUDER 1999, S. 1.
13 Vgl. ELSEN 1998, S. 50.
14 Vgl. KNÖPFEL 2000, S. 23.
15 Vgl. dazu STRAHM 1997, S. 17.
16 Vgl. SOMMER/SCHÜTZ 1996, S. 11; FÜGLISTALER-WASMER/PEDERGNANA-FEHR 1996, S. 61 ff. und 86 f.; MÄDER 2000, S. 44 ff. und S. 60 ff.
17 Vgl. FÜGLISTALER-WASMER/PEDERGNANA-FEHR 1996, S. 86.
18 Vgl. IMMERFALL 1999, S. 182.
19 Vgl. LAMNEK/LUEDTKE 1999, S. 17 f.
20 Vgl. dazu MÄDER 2000, S. 15.
21 «Soziale Sicherheit ist eine Zielvorstellung, nämlich die Sicherung der Existenzgrundlage: Jedem Einwohner soll unabhängig von seiner Stellung, Tätigkeit oder seinem Alter in allen Wechselfällen des Lebens der Lebensunterhalt angemessen gewährleistet werden. Soziale Sicherheit bedeutet also Freiheit von Not, Überwindung der Armut, Aufhebung der Angst um die Grundlagen der menschlichen Existenz.» TSCHUDI 1996, S. 358.
22 TSCHUDI 1996, S. 337.
23 BLASCHE 1998, S. 159.
24 Vgl. JONAS 1983.
25 BLASCHE 1998, S. 117.
26 Ebd., S. 159 f.
27 RUH 1997, S. 11 f.
28 Vgl. RUH 1997, S. 12.
29 RUH 1997, S. 16.
30 Vgl. RUH 1997, S. 29.
31 Als Biosphäre gilt «der von Lebewesen bewohnte Raum, die Gesamtheit der belebten Umwelt». Katalyse e.V. Institut für angewandte Umweltforschung 1993, S. 102 f.
32 Als Ökosystem kann «ein ganzheitliches Wirkungsgefüge von Lebewesen und deren anorganische Umwelt» bezeichnet werden, «das zwar offen, aber bis zu einem gewissen Grad zur Selbstregulation befähigt ist». HEINRICH/HERGT 1991, S. 61.
33 Vgl. BOSSELMANN 1992, S. 92 f.
34 Ebd., S. 24 f.
35 Vgl. FREY 1993a, S. 5.
36 Vgl. STEINER 1999, S. 3.
37 Ebd., S. 4; vgl. zudem CANSIER 1996, S. 64.
38 Vgl. TISCHLER 1994, S. 3.
39 Ebd., S. 111 ff.
40 Vgl. BOSSELMANN 1992, S. 141, und STEINER 1999, S. 16 f.
41 A.a.O. und zudem STEINER 1999, S. 16 f.
42 Vgl. VAN DIEREN 1995, S. 121.
43 Vgl. STEINER 1999, S. 7.
44 TISCHLER 1994, S. 30.
45 WICKE 1991, S. 45.
46 OTT 1993, S. 124.
47 BLÖCHLIGER/STAEHELIN-WITT 1993, S. 43.
48 Vgl. TISCHLER 1994, S. 30, und STRAHM 1992, S. 28 f., S. 32 f.

49 Vgl. STEINER 1999, S. 20 f.
50 Vgl. TISCHLER 1994, S. 31.
51 Vgl. STRAHM 1992, S. 33.
52 Vgl. CANSIER 1996, S. 129.
53 Vgl. FRENZ 1997, S. 42.
54 REHBINDER 1973, S. 9.
55 Vgl. STEINER 1999, S. 26.
56 STEINER 1999, S. 23.
57 Mit «tatsächlicher Beseitigung» ist gemeint, dass der Verursacher sich real um den von ihm verursachten Schaden kümmern muss und nicht nur eine generelle staatliche (Sozialkosten-)Abgabe oder Steuer bezahlt, während die Beseitigung des Schadens dann Sache des Staates ist.
58 Vgl. REHBINDER 1973, S. 10.
59 Ebd., S. 35 ff.
60 REHBINDER 1973, S. 36; TISCHLER spricht in diesem Zusammenhang von «Übereinstimmung der individualwirtschaftlichen und volkswirtschaftlichen Kosten». TISCHLER 1994, S. 42.
61 Vgl. STEINER 1999, S. 24.
62 STEINER 1999, S. 24.
63 Vgl. FRENZ 1997, S. 40.
64 STEINER 1999, S. 24.
65 Vgl. FRENZ 1997, S. 41.
66 STEINER 1999, S. 24.
67 Nach der *Theorie der öffentlichen Güter* wird Umwelt als knappes öffentliches Gut verstanden, dessen Konsum von Privaten aus technischen Gründen nicht ausgeschlossen werden kann. Beim knappen Gut Umwelt handelt es sich um ein kollektives und damit freies Gut. Demnach kann beispielsweise Luft zum Atmen keine Eigentümerin haben, weshalb solche öffentlichen Güter auch keinen Preis haben – öffentliche Güter können von allen konsumiert werden, ohne dass dafür ein Preis bezahlt werden muss. Im Gegensatz dazu können *private Güter* nur diejenigen erwerben, die dafür auf dem Markt einen Preis bezahlen. Die Privatisierung von Umweltgütern ist jedoch nicht möglich. Umweltgüter müssen deshalb durch staatliche oder andere kollektive Maßnahmen bereitgestellt werden. Diese ökonomischen Mechanismen, die u. a. in der Theorie der öffentlichen Güter beschrieben werden, entstammen der Volkswirtschaftslehre. Vgl. hierzu BLÖCHLIGER/STAEHELIN-WITT 1993, S. 40 f.
68 Vgl. FRENZ 1997, S. 41.
69 Die *Theorie der Eigentumsrechte* besagt, dass bei vielen Umweltgütern die Ausschließbarkeit von privatem Konsum bzw. Gebrauch grundsätzlich möglich ist. Umwelt ist jedoch ein Gut ohne Eigentumsrechte und kann deshalb unentgeltlich konsumiert werden. Dies ist der Grund, weshalb es übernutzt wird. Vgl. hierzu BLÖCHLIGER/STAEHELIN-WITT 1993, S.41 f.
70 Vgl. hierzu BLÖCHLIGER/STAEHELIN-WITT 1993, S. 41 f.
71 STEINER veranschaulicht den Mechanismus an folgendem Beispiel: Ein Unternehmen wird naturgemäß versuchen, teure Produktionsfaktoren wie Löhne zu vermindern. Hingegen kann es mit kostenlosen Umweltgütern wie sauberer Luft verschwenderisch

umgehen. Deshalb müsste ein Preis und damit ein Markt für die knappen Umweltgüter geschaffen werden, wie er für private Güter besteht, wodurch Umweltgüter effektiver genutzt würden. Vgl. STEINER 1999, S. 10.
72 Vgl. FRENZ 1997, S. 41.
73 Gewisse Substanzen könnten den Menschen ungleich härter belasten als Tiere bzw. Säugetiere.
74 Vgl. hierzu HILLMANN 1994, S. 803.
75 Die gesellschaftlichen Teilsysteme in Analogie zu den Ökosystemen der Biosphäre im Umweltbereich.
76 Der Frage der kausalen Rückführung von Verhalten und den Folgewirkungen wird im folgenden Teil II nachgegangen.
77 «Zum Vergleich: Die Einnahmen aus den Alkoholsondersteuern liegen zur Zeit bei nur 400 Millionen Franken im Jahr. Für den Kauf von alkoholischen Getränken gibt die Schweizer Bevölkerung jährlich ungefähr acht Milliarden Franken aus.» Schweizerische Fachstelle für Alkohol- und andere Drogenprobleme SFA 1999, S. 21. Eine neue Studie der Universität Neuenburg geht sogar von 6,5 Milliarden sozialen Kosten des Alkoholmissbrauchs aus. Vgl. NZZ vom 14. Januar 2004.
78 STRAHM 1997, S. 17.
79 Vgl. BUOMBERGER/BURGSTALLER 1998, S. 179ff., und LOCHER 1997, 293ff.
80 Vorwiegend Versichertenbeiträge und Zuschüsse durch die öffentliche Hand.
81 WIDMER 2001, S. 198f.
82 Die Verwandtenunterstützung kann nicht als verursacherorientierte Zumessung von Verantwortung gelten, u.a. weil die Verwandten in der Regel nicht direkte Problemverursacher sind. Die Rückerstattungspflicht im Rahmen der Sozialhilfe kann ebenfalls nur beschränkt als VP-Modell betrachtet werden, weil das System nicht primär auf die Problemverursachung, sondern auf die Beanspruchung von Geldern der öffentlichen Sozialhilfe ausgerichtet ist. Grundsätzlich muss bei diesen Methoden vermerkt werden, dass nur auf die Adressaten von Sozialleistungen fokussiert wird und das bisher postulierte VP nicht konsequent zur Anwendung kommt.
83 Bestimmte Verhaltens- oder Verschmutzungsweisen dürfen nur unter bestimmten Voraussetzungen erfolgen, so etwa unter Einhaltung ökologischer Standards (z.B. Einhaltung von Schadstoffwerten).
84 Vgl. STEINER 1999, S. 7.
85 WALLIMANN 2000, S.19.
86 In Analogie zum Umweltbereich kann gesagt werden, dass Leben immer eine Verschmutzung der Umwelt zur Folge hat. Im Umweltbereich ist man ebenfalls mit einer Eingrenzung, somit einer besonderen Gewichtung von Verhaltensweisen konfrontiert, die es einzudämmen oder zu vermeiden gilt. Die Auswahl solcher Risiken erfolgt aufgrund eines sozialpolitisch gewichteten Entscheids und bedarf einer politischen Legitimation. Hier zeichnet sich ein fundamentales Problem der Interessengewichtung ab, unabhängig von sozialethischen oder ökologischen Zielvorstellungen.
87 BLASCHE 1998, S. 155.
88 Die Ermittlung eines Schadens im Bereich der Privatversicherungen erfolgt zumeist auf dem Hintergrund einer Ursache-Wirkung-Analyse.
89 FRENZ 1997.

90 Vgl. hierzu FRENZ, S. 26 ff.
91 KOLLER 1994, S. 129.
92 A.a.O.
93 Vgl. KOLLER 1994, S. 130.
94 KOLLER 1994, S. 130.
95 HILLMANN 1994, S. 273.
96 Vgl. KRAMER 1992, S. 102 ff.
97 Vgl. KOLLER 1994, S. 133.
98 VAN DIEREN 1995, S. 165.
99 Vgl. hierzu VAN DIEREN 1995, S. 165 f.
100 VAN DIEREN 1995, S. 120.
101 Vgl. VAN DIEREN 1995, S. 122.
102 JONAS 1983, S. 172; vgl. zudem JONAS, S. 27.
103 A.a.O.
104 Ebd., S. 174.
105 WEBER 2002, S. 28.
106 Vgl. STAUB-BERNASCONI 1995, S. 235.
107 Vgl. SPEHR 1996, S. 129 ff.
108 So findet beispielsweise die Auseinandersetzung mit den aus sozialen Problemen generierten Sozialkosten oftmals erst zu einem späten, zu späten Zeitpunkt und zudem unter veränderten Vorzeichen statt: Zwar erhöhen sich die Sozialkosten, nach einer ursächlichen Kraft wird jedoch nur am Rande gefragt. Schließlich werden oft die Adressaten sozialer Leistungen bezichtigt, auf Kosten anderer zu leben, Profiteure des Sozialsystems zu sein. Alle weiteren möglichen Verursacherparteien treten im öffentlichen Diskurs nur am Rande in Erscheinung.
109 Welche Deutung und Begründung von Ereignissen setzt sich durch? Vgl. STAUB-BERNASCONI 1995, S. 259 f.
110 Erkenntniskompetenz, Sprach- und Kommunikationsverhalten als Machtquelle meint beispielsweise das Vermitteln eigener Standpunkte, Abgrenzen verschiedener Positionen durch kleine und kleinste Unterschiede, auch wenn sie durchaus miteinander vereinbar wären usw. Vgl. hierzu STAUB-BERNASCONI 1995, S. 259.
111 Vgl. BECK 1986, S. 36 f.
112 BECK 1986, S. 37.
113 STAUB-BERNASCONI 1995, S. 247.
114 Je nach Gewichtung kann mittels VP eine weitere Benachteiligung bestimmter Bevölkerungsgruppen legitimiert werden, z.B. dadurch, dass diese noch zusätzlich finanziell belastet oder aus einer Solidargemeinschaft ausgesondert werden. Das VP kann diese jedoch auch entlasten, indem weitere in eine Verursacherkette involvierte Verursacherparteien identifiziert und zur Verantwortung gezogen werden (Tendenz zur Solidarisierung).
115 Vgl. hierzu BECK 1988, S. 120 f.
116 A.a.O.
117 Die angedeuteten Gesellschaftsdynamik-Muster können mit dem verglichen werden, was oft als «Selbstzerstörungskraft der Natur» bezeichnet wird. Eine verselbständigte zerstörerische Dynamik kann auch bei der Natur auf menschliche Handlungen zurückgeführt

werden, etwa auf den Bau eines Staudammes. Oder sie kann natürlichen (menschenunabhängigen) Prozessen zugrunde liegen, so z. B. einem «reinen» Zusammenspiel der Ökosysteme. Wird in diesem Zusammenhang ein Schaden «kurzfristig» betrachtet, schließt man hinsichtlich der Ursache eher auf «Naturgewalt» (Gefahr). Wird der Schaden jedoch in einem historischen Zusammenhang analysiert, kann die Ursache unter Umständen auf ein vom Menschen geschaffenes Risiko zurückgeführt werden (einzelne Eingriffe des Menschen in die Natur, die über Jahre hinweg schließlich zu einer Naturkatastrophe führen).

118 Vgl. REHBINDER 1973, S. 29 f.
119 Ebd., S. 32.
120 REHBINDER 1973, S. 33.
121 Vgl. FRENZ 1997, S. 22.
122 FRENZ 1997, S. 21.
123 Vgl. REHBINDER 1973, S. 29.
124 REHBINDER 1973, S. 29.
125 Vgl. FRENZ 1997, S. 22 f.; vgl. dazu auch STEINER 1999, S. 28 f.
126 Ebd., S. 23 f.
127 FRENZ 1997, S. 23.
128 A.a.O.
129 Vgl. FRENZ 1997, S. 26.
130 Vgl. hierzu STEINER 1999, S. 32.
131 Vgl. FRENZ 1997, Vorwort.
132 Ebd., S. 26 ff.
133 FRENZ 1997, S. 26.
134 Vgl. FRENZ 1997, S. 26 f.
135 In Art. 2 Bundesgesetz über den Umweltschutz verankert: «Wer Maßnahmen nach diesem Gesetz verursacht, trägt die Kosten dafür.» USG 1983.
136 FRENZ 1997, S. 28.
137 REHBINDER 1973, S. 36; Tischler spricht in diesem Zusammenhang von »Übereinstimmung der individualwirtschaftlichen und volkswirtschaftlichen Kosten«. TISCHLER 1994, S. 42.
138 Vgl. REHBINDER 1973, S. 28.
139 REHBINDER 1973, S. 28.
140 Der Begriff «polizeirechtliche Strategien» stammt aus der Umweltpolitik und stützt sich auf FREY 1993b, S. 69 ff.
141 Vgl. dazu auch STEINER 1999, S. 16 ff., 31 und zudem FREY 1993b, S. 69 ff.
142 Das VP gestaltet Maßnahmen so, dass die finanzielle und inhaltlich-konkrete Verantwortung durch die Verursacher selbst getragen werden muss. Heute werden diese Maßnahmen hauptsächlich nach dem Gemeinlastprinzip ausgestaltet.
143 Terminologie der Umweltpolitik entnommen.
144 Vgl. FREY 1993b, S. 69 f.
145 Ähnlich einer Beifahrerversicherung im Automobilbereich.
146 Siehe auch Teil III zur Anwendung des VP in ausgewählten sozialpolitischen Feldern.
147 Vgl. FREY, 1993b, S. 78 ff.
148 FREY 1993b, S. 82.

149 Vgl. hierzu Kapitel 1, Einleitung.
150 *Steuern* sind Zahlungen, die voraussetzungslos geschuldet sind; *Abgaben* sind Zahlungspflichten, die einen bestimmten (schädlichen) Tatbestand in einem kausalen Zusammenhang belasten; *Gebühren* decken i.d.R nur betriebswirtschaftliche Nutzungskosten einer staatlichen Infrastruktur (Abfall- oder Wassergebühren) und entfalten ebenfalls eine Lenkungswirkung; Lenkungsabgaben kommen dann zur Geltung, wenn Verursachern keine technischen Entsorgungskosten zugerechnet werden können. Vgl. dazu RECHSTEINER 1998, S. 215 ff.
151 Die Zurechnung der externen Kosten bzw. der Sozialkosten an die Verursacher wurde von PIGOU Anfang des 20. Jahrhunderts entwickelt. Zur Internalisierung der sozialen Kosten schlug PIGOU die Erhebung einer Steuer vor (PIGOU-Steuer), die den Verursachern angelastet werden sollte. Die Entstehung des VP ist mit der PIGOU-Steuer eng verbunden. Vgl. dazu STEINER 1999, S. 12 f. und FREY 1993b, S. 83 f.
152 FREY 1993b, S. 87.
153 FREY 1993b, S. 90.
154 Vgl. hierzu FREY 1993b, S. 96.
155 Ebd., S. 90 ff.
156 Vgl. Teil III.
157 Vgl. REHBINDER 1973, S. 34, S. 42.
158 Vgl. dazu BECK 1986; vgl. hierzu auch WIDMER 1991, S. 132.
159 BECK 1986, S. 201.
160 Vgl. TISCHLER 1995, S. 38 f.; WICKE 1991, S. 139 f. und FRENZ 1997, S. 29 f.
161 Vgl. TISCHLER 1995, S. 38 f.
162 TISCHLER 1995, S. 39.
163 Vgl. WICKE 1991, S. 133 f.
164 Vgl. EDWARDS 1997, Vorwort zur englischen Ausgabe.
165 Vgl. FAHRENKRUG 1993, S. 235.
166 Vgl. EDWARDS 1997, S. 17.
167 Zum Beispiel Schäden des Körper- und Gewebesystems, Krebskrankheiten, Leberzirrhose, Hirnschäden, Traumata nach alkoholbezogenen Verkehrs- und sonstigen Unfällen, Verletzungen aus gewaltsamen Auseinandersetzungen, medizinische Komplikationen usw.
168 Beeinträchtigungen der psychomotorischen und kognitiven Funktionen, selbstschädigende Handlungen und Suizid, Demenz und Beeinträchtigung des Kurzzeitgedächtnisses sowie Störungen der emotionalen Kontrolle, Syndrome wie Delirium tremens, Entzugssymptome, Alkoholhalluzinose usw.
169 Nachlassen der Arbeitsleistung, Fehlzeiten, Entlassungen, Arbeitslosigkeit und Unfälle am Arbeitsplatz, Schulden, Wohnprobleme, Verarmung, Probleme mit der Familie und mit Freunden, Probleme mit der Justiz, Gewaltdelikte usw.
170 Vgl. EDWARDS 1997, S. 6.
171 Vgl. GMEL 1997, S. 49 ff.; EDWARDS meint zudem: «Je höher die Konsummenge, desto höher die Anzahl berichteter Abhängigkeitssymptome.» EDWARDS 1997, S. 56.
172 Vgl. hierzu EDWARDS 1997, S. 65 ff.
173 Sozioökonomische Faktoren werden wiederum stark von strukturellen Bedingungen geprägt.

174 EDWARDS 1997, S. 88.
175 EDWARDS unterscheidet «nasse» und «trockene» Umgebung bzw. alkoholkonsumierende Kultur und meint, dass «jemand, der in einer ziemlich 'trockenen Umgebung' lebt, vielleicht ein leichter Konsument wird, wohingegen dieselbe Person in einer 'nassen Umgebung', in der Alkohol billig und leicht zu beschaffen ist und einen integralen Faktor des täglichen Lebens darstellt, ein schwerer Trinker werden kann». EDWARDS 1997; S. 78. Die Entstehung individueller Trinkmuster steht somit in einem engen Zusammenhang mit soziokulturellen Faktoren: «Trinkverhalten ist soziales Verhalten in dem Sinne, dass wir es mit anderen Mitgliedern unserer Kultur lernen und praktizieren. Eine große Anzahl von experimentellen und Beobachtungsstudien zeigen, dass die einzelnen Konsumenten stark von dem Trinkverhalten innerhalb ihres sozialen Netzwerkes beeinflusst werden» (a.a.O.). Indem die Umwelt als wichtige Risikodeterminante für die Entstehung von Alkoholproblemen betrachtet wird, soll die Bedeutung der konstitutionellen Faktoren nicht geleugnet werden. Natürlich steht die Konsummenge eines Trinkers auch in Verbindung mit seiner persönlichen Disposition. Umgekehrt steht jedoch das Risiko von Alkoholproblemen direkt mit der Alkoholmenge in Verbindung, der eine Konsumentin in ihrer kulturellen Umgebung ausgesetzt ist. EDWARDS führt an, dass das Vorhandensein «prädisponierender Faktoren» nur ein erhöhtes Risiko erzeugt; «ob sich dieses Risiko in Form eines Alkoholproblems niederschlägt, hängt von Umweltfaktoren ab». EDWARDS 1997, S. 80.
176 Sozialdienste, Schulsozialarbeit usw.
177 FLATH 1968, S. 59
178 Vgl. Flath 1968, S. 59.
179 Ebd., S. 60f.
180 Flath 1968, S. 60.
181 Vgl. EDWARDS 1997, S. 16f.
182 Das Total der alkoholbedingten Kosten innerhalb eines Jahres wird als volkswirtschaftliche Kosten bezeichnet, unabhängig davon, wer (beispielsweise eigentliche Verursacher, Dritte, Staat) diese zu tragen hat. Vgl. MEYER 1997, S. 160.
183 Schweizerische Fachstelle für Alkohol- und andere Drogenprobleme SFA 1999, S. 21: «Zum Vergleich: Die Einnahmen aus den Alkoholsondersteuern liegen zur Zeit bei nur 400 Millionen Franken im Jahr. Für den Kauf von alkoholischen Getränken gibt die Schweizer Bevölkerung jährlich ungefähr acht Milliarden Franken aus.»
184 Vgl. MEYER 1997, S. 159.
185 Sozialkosten, die aus schädlichem Alkoholkonsum entstehen, können im erwähnten Kontext auf patientenbezogene Dienstleistungen (Sozialversicherungen/Fürsorge) und auf die Unterhaltung des infrastrukturellen Hilfesystems des Gesundheits- und Sozialbereichs zurückgeführt werden. Die Finanzierung ist je nach Kanton unterschiedlich geregelt, so dass ein breites und unübersichtliches Finanzierungssystem der alkoholbezogenen Dienstleistungen vorzufinden ist.
186 Schweizerische Fachstelle für Alkohol- und andere Drogenprobleme SFA 1999, S. 21.
187 Vgl. Bundesamt für Statistik 1998, S. 22ff., und zudem GAUTHIER 1997, S. 93f.; FRAGNIÈRE/CHRISTEN/KAHIL-WOLFF 1993, S. 52, 120ff.
188 Laut telefonischer Auskunft des Bundesamtes für Gesundheit in Bern, Abteilung Alkohol und Tabak, 2000.

189 Zu den *Produzenten* rechnen wir in unserem Zusammenhang auch die Importeure von Alkohol.
190 Vgl. EDWARDS 1997, S. 65 ff.
191 Ein wichtiger Diskurs betrifft die Kostenexplosion und deren Ursachen, die u.a. in der hohen Ärztedichte und unnötigen Eingriffen gesehen wird.
192 Subkulturen, Trinkmilieus usw.
193 Doch werden politische Vertreter vom Volk gewählt, womit das Volk für die Rahmenbedingungen mitverantwortlich ist, falls parteipolitisch organisierte ökonomische Interessenpolitik nicht im Spiel ist.
194 Produktion und Vertrieb von Alkohol allein oder Lobbying dafür verursachen keine *unmittelbaren* Schäden. Die genannten Aktivitäten beinhalten zwar ein gewisses Risiko oder eine Wahrscheinlichkeit, dass, gesamtgesellschaftlich gesehen, Probleme verursacht werden. Beachten wir die Argumentationsweise eines ähnlich gelagerten Falles im Umweltbereich, so lässt sich Folgendes sagen: Die Bereitstellung und der Vertrieb eines riskanten Gutes, wie es bei Alkohol der Fall ist, das erst in Kombination mit anderen Gütern oder bei einer Weiterverarbeitung zu Umweltschäden führen kann, würde hier als Mitverursachung eingestuft, obwohl das Gut, isoliert betrachtet, keinen Schaden anrichtet. Es würde argumentiert werden, dass die Produzenten eines potenziell umweltschädlichen Gutes sich in der gleichen Verursacherkette mit denjenigen befänden, die es weiterverarbeiten oder konsumieren. Obwohl erst die Kombination der verschiedenen Akteure bzw. Aktivitäten zu einem Umweltschaden führt, würden die Produzenten als Mitverursacher beurteilt. Die Kausalität würde in diesem Fall aufgrund eines wertenden Vorganges gewonnen. Analog zum Umweltbereich lassen sich somit die genannten Akteure mittels eines wertenden Vorgangs in die Verursacherkette alkoholbezogener Probleme mit einbeziehen.
195 Es ist zum Beispiel denkbar, dass ein bestimmtes Segment der Suchthilfe, etwa ein spezifischer Therapiebereich, die Alkoholproblematik unnötigerweise verlängert, womit alle Akteure dieses definierten Segmentes innerhalb der Suchthilfe zu einer Sozialkostenabgabe verpflichtet oder in ihrer Tätigkeit eingeschränkt werden könnten – auch wenn die einzelnen Akteure innerhalb des Segmentes Alkoholprobleme nicht bewusst (mit-)verursachen. Damit wird das ganze kosten- bzw. problemverursachende Segment fiskalisch belastet und nicht der einzelne Akteur.
196 EDWARDS 1997, S. 88 ff.
197 Eine Verknappung des bereitgestellten Alkohols bedeutet nicht automatisch einen Rückgang des Konsums. Es liegt nahe, dass eine drastische Einschränkung die Entwicklung eines Schwarzmarktes fördert. Auf diese Thematik kann hier jedoch nicht näher eingegangen werden. Zudem ist zu berücksichtigen, dass eine Verschlechterung der Erhältlichkeit von Alkohol zu einer «Suchtverlagerung» auf andere psychotrope Substanzen wie etwa Medikamente oder illegale Drogen führen könnte.
198 Die Besteuerung alkoholischer Getränke existiert bereits. Sie wird von der EAV erhoben. Ein Teil dieser Steuereinnahmen, der Alkoholzehntel, wird tatsächlich zur Verhütung und Bekämpfung der Ursachen von Suchtproblemen eingesetzt, womit die Vermeidungskosten teilweise gedeckt werden. Somit stellt die Finanzierung über den Alkoholzehntel einen Ansatz des VP dar. Grundsätzlich ist dazu zu sagen, dass die Alkoholsteuer von den Alkoholkonsumenten bezahlt wird. Die Produzenten wälzen die Alkoholsteuer auf

die Konsumenten ab. Sie ist ein Segment des Verkaufspreises. Würde eine höhere Besteuerung des Alkohols vorgesehen, könnten die Alkoholproduzenten die Steuer vermutlich nur noch zu einem geringeren Teil auf die Konsumenten abwälzen. Die Produzenten hätten einen größeren Anteil der Steuerlast zu tragen. Da Vermeidungsmaßnahmen der EAV und der Alkoholzehntel über die Alkoholsteuer finanziert werden, tragen die Konsumenten die Vermeidungskosten. Somit leisten die Produzenten keine spezifische «Alkoholproduktionssteuer» und damit auch keinen Beitrag an die Vermeidungskosten für Maßnahmen der EAV und des Gesundheits- und Sozialbereichs. Auch der Alkoholvertrieb (Verkauf und Ausschank) wird nicht spezifisch besteuert. Zudem wird nur ein geringer Teil der alkoholischen Getränke besteuert. Vergorene Getränke werden beispielsweise nicht oder nur gering besteuert. Vgl. hierzu MÜLLER 1997, S. 185, und Schweizerische Fachstelle für Alkohol- und andere Drogenprobleme SFA 1999, S. 32 ff. Zudem: Die Gelder aus der Besteuerung werden nur zu einem geringfügigen Teil für die Bekämpfung der Ursachen und somit für die Finanzierung der Vermeidungsmaßnahmen eingesetzt. Nach Abzug der Verwaltungskosten der EAV gehen gerade einmal zehn Prozent der EAV als «Alkoholzehntel» an die Kantone für die Bekämpfung der Ursachen im Alkohol- und Suchtbereich. Die restlichen neunzig Prozent fließen in die AHV. Vgl. Schweizerische Fachstelle für Alkohol- und andere Drogenprobleme SFA 1999, S. 34. Die Durchsetzung des VP würde zur Folge haben, dass die Steuergelder tatsächlich von den Verursachern stammen, in diesem Fall von den Produzenten und Verteilern von Alkohol. Zudem müssten diese Steuergelder vollumfänglich zweckgebunden zur Finanzierung der Vermeidungskosten verwendet werden und dürften nicht zu neunzig Prozent zweckentfremdet werden.

199 Wie erwähnt, wird die Besteuerung alkoholischer Getränke bereits praktiziert, jedoch ist die Alkoholsteuer nicht darauf ausgerichtet, die Sozialkosten zu decken.

200 Es wurde bereits angeführt, dass die Alkoholsteuer von den Konsumenten bezahlt wird. Die Alkoholsteuer ist somit eine Maßnahme, die im Rahmen des VP bei den KonsumentInnen bereits getroffen wurde. Ihnen werden die Vermeidungskosten, die aus den Leistungen der EAV stammen, vollständig angelastet. Ein geringer Teil der Kosten für soziale und medizinische Vermeidungsmaßnahmen wird ebenfalls über die Alkoholsteuer (Alkoholzehntel) finanziert, womit auch hier die KonsumentInnen einen verursacherorientierten Beitrag leisten. Bei einer konsequenten Durchsetzung des VP müsste die Erhebung des Alkoholzehntels den verursachten Vermeidungskosten angeglichen werden. Zur Besteuerung von Alkohol soll noch erwähnt werden, dass diese bekanntlich zu einer Verteuerung des Preises für alkoholische Getränke führt. Dies hat einen präventiven Effekt, weshalb die Besteuerung des konsumierten Alkohols selbst als Vermeidungsmaßnahme betrachtet werden kann. Nationale und internationale Studien erbringen den Nachweis, dass preiserhöhende Maßnahmen eine verbrauchsmindernde Wirkung insbesondere bei Jugendlichen zeigen. Vgl. dazu MÜLLER, 1997, S. 186.

201 Es wurde bereits gesagt, dass die von der EAV erhobene Alkoholsteuer nur zum Teil die Internalisierung der Sozialkosten bezweckt. Nebst einer konsequenteren Internalisierung der Sozialkosten müssten die Einnahmen auch tatsächlich im Bereich der Alkoholhilfe (und nicht der AHV) zufließen.

202 Zu berücksichtigen sind beispielsweise Erfahrungen mit der Alkohol- und Drogenprohibition in den USA, der Rationierung während des Zweiten Weltkrieges in Europa und der Preis- und Verteilungspolitik in Skandinavien.

203 Davon ausgenommen sind sachlich begründete Fehleinschätzungen.
204 Vgl. hierzu *Basler Zeitung* vom 20.5.2003 zu Zwangseinweisungen von gesunden Menschen in die Psychiatrische Klinik.
205 STRAHM 1997, S. 17.
206 A.a.O.
207 Nicht beachtet werden die positiven Effekte der Aufkündigung eines Arbeitsverhältnisses. Es ist durchaus denkbar, dass soziale Folgeprobleme durch eine Kündigung des Arbeitnehmers entschärft werden.
208 Vgl. STRAHM 1997, S. 13 f.
209 Vgl. TSCHUDI 1996, S. 313 ff.
210 «BV Art. 31 quinquies verpflichtet den Bund, Vorkehrungen für eine ausgeglichene konjunkturelle Entwicklung, insbesondere zur Verhütung und Bekämpfung von Arbeitslosigkeit zu treffen.» TSCHUDI 1996, S. 313.
211 Vgl. LOCHER 1997, S. 299; LOCHER meint, dass die wirksamste Sicherung vor Arbeitslosigkeit wirtschaftspolitische Maßnahmen (wie die genannten) seien.
212 Vgl. TSCHUDI 1996, S. 313 ff.
213 «Die Arbeitslosenversicherung wird nicht allgemeine konjunkturpolitische Impulse geben, sondern nur gezielte Maßnahmen zur Überwindung von Arbeitslosigkeit treffen.» TSCHUDI 1996, S. 313.
214 Vgl. WIDMER 2001, S. 190.
215 STRAHM 1997, S. 22.
216 Vgl. WIDMER 2001, S. 190 ff.
217 Vgl. dazu LOCHER 1997, S. 293 ff.
218 Die Nationalbank ist nicht direkt der politischen Exekutive zuzurechnen. Sie verfügt über einen eigenständigen Aktionsraum, der den Arbeitsmarkt beeinflusst.
219 Es muss geprüft werden, ob und wie eine Franchise unter Berücksichtigung sozialethischer Aspekte eingeführt werden kann.
220 Es muss geprüft werden, ob und wie ein Selbstbehalt unter Berücksichtigung sozialer Aspekte eingeführt werden kann.
221 Vgl. hierzu Initiative für die Besteuerung von Unternehmen, welche ihren Personalbestand reduzieren (Entlassungsteuer); *Basler Zeitung* vom 15./16.1.2000; *Basler Zeitung* vom 26.1.2001; *Basler Zeitung* 7.2.2001; Unternehmen, die zusätzliche Arbeitsplätze schaffen, sollen einen Steuerbonus erhalten; *Basler Zeitung* vom 26./27.5.2001.
222 Vgl. im Umweltbereich Umweltzertifikate bzw. Verschmutzungszertifikate.
223 Etwa wenn eine Zunahme der Arbeitslosigkeit zu verzeichnen ist, weil die Nationalbank die Kreditmenge nicht rasch genug ausweitet oder zu schnell verengt.
224 Analog zu den Spitälern, Ärzten, Ingenieuren usw.
225 Zum Beispiel durch (Weglassen von) Mechanismen der Schuldzuweisung oder durch die bloße Verwaltung von Arbeitslosen.
226 Hier ließe sich deshalb eine Entlastung mittels einer Energiesteuer denken.
227 In Analogie zum Umweltbereich: Eine saubere Umwelt hat ein höheres ökonomisches und soziales Potenzial.
228 Entsprechend dem Bonus-Malus-System.
229 Vgl. hierzu KIESER/RIEMER-KAFKA 1998, S. 21.

230 In diesem Zusammenhang ist zu erwähnen, dass die SUVA als öffentlich-rechtliche Anstalt bereits die Kompetenz hat, Verfügungen über Maßnahmen zur Verhütung von Berufskrankheiten und Unfällen zu erlassen: «Wenn der Arbeitgeber eine Verfügung missachtet, wird die SUVA Zwangsmaßnahmen ergreifen: Im Vordergrund steht die Erhöhung der Prämien.» Und: «Werden Leben und Gesundheit von Arbeitnehmern durch die Missachtung von Sicherheitsvorschriften schwer gefährdet, so wird die SUVA an die kantonale Behörde gelangen und sie auffordern, die Benützung von Räumen oder Einrichtungen zu verbieten, nötigenfalls sogar den Betrieb zu schließen [...]». TSCHUDI 1996, S. 306.

231 TSCHUDI meint, dass Vorschriften über Unfallverhütung und Gesundheitsvorsorge seit jeher einen Kernpunkt des Arbeitsrechts bilden. Entscheidend sei, dass für Betriebssicherheit und Arbeitshygiene bereits beim Bau und bei der Einrichtung von Betrieben gesorgt wird und nicht erst bei Arbeitsaufnahme. Vgl. TSCHUDI 1996, S. 303f.

232 Vgl. KNÖPFEL/KÜNZLER 2002; Vgl. dazu auch *Basler Zeitung* vom 29.8.2000 zum Thema «Schwere Arbeit kann die Gesundheit schädigen».

233 WIDMER 2001, S. 59.

234 Vgl. TSCHUDI 1996, S. 304.

235 KIESER/RIEMER-KAFKA 1998, S. 60.

236 WIDMER 2001, S. 172.

237 Vgl. hierzu KIESER/RIEMER-KAFKA 1998, S. 19.

238 Vgl. dazu WIDMER 2001, S. 41.

239 Vgl. hierzu WIDMER 2001, S. 28ff.

240 Was als Sozialpolitik für erwerbsfähige Alte bezeichnet wird, ist zum Teil eine Beschäftigungspolitik für Gruppen wie Jugendliche, Frauen und Arbeitslose.

241 Zudem könnte es sein, dass ältere Menschen mit ihrem Erwerb gut leben könnten, ihre Berentung sie jedoch auf das Existenzminimum bringt und damit sozial marginalisiert, was die Kosten für Dienstleistungen im Gesundheits- und sozialen Integrationsbereich zusätzlich erhöht.

242 Vgl. WIDMER 2001, S. 34.

243 Falls die Frühpensionierung vom Arbeitnehmer frei gewählt werden kann.

244 KNÖPFEL/KÜNZLER 2002; Vgl. dazu auch *Basler Zeitung* vom 29.8.2000 zu «Schwere Arbeit kann die Gesundheit schädigen».

245 Vgl. hierzu KNÖPFEL/KÜNZLER 2002.

246 Vgl. LOCHER 1997, S. 293ff; KOSLOWSKI 1989, S. 229ff und BUOMBERGER/BURGSTALLER 1998, S. 182ff.

247 Vgl. hierzu *Basler Zeitung* vom 24.9.1999 zu Bill CLINTONS Milliarden-Klage gegen die Zigarettenindustrie; *Basler Zeitung* vom 13.10.2000 zu «Zigarettenindustrie am Pranger»; *Neue Zürcher Zeitung* vom 28.3.2000 zu Hearings der WHO mit Tabakkonzernen über die Zahl der Tabakopfer und Verantwortung; *Bund* vom 26.1.2001: «Den Alkoholverkäufern droht eine Anzeige», falls Alkoholika an Jugendliche verkauft werden; *Weltwoche* vom 15.2.2001 zum Kampf gegen Tabak, Werbeverbot und Inverantwortungnahme der Tabakindustrie.

Literaturverzeichnis

Beck, Ulrich (1986): Risikogesellschaft. Auf dem Weg in eine andere Moderne. Frankfurt a. Main: Suhrkamp.
Beck, Ulrich (1988): Gegengifte. Die organisierte Unverantwortlichkeit. Frankfurt a. Main: Suhrkamp.
Blasche, Siegfried/Döring, Diether (1998) (Hrsg.): Sozialpolitik und Gerechtigkeit. Frankfurt a. Main: Campus.
Blöchliger, Hansjörg/Staehelin-Witt, Elke (1993): Öffentliche Güter, Externalitäten und Eigentumsrechte. In: Frey, René L./Staehelin-Witt, Elke/Blöchliger, Hansjörg (1993) (Hrsg.): Mit Ökonomie zur Ökologie. Analyse und Lösungen des Umweltproblems aus ökonomischer Sicht. Basel/Frankfurt a. Main/Stuttgart: Helbing & Lichtenhahn/Schäffer-Poeschel. S. 38–66.
Bosselmann, Klaus (1992): Im Namen der Natur. Der Weg zum ökologischen Rechtsstaat. Bern/München/Wien: Scherz.
Bundesamt für Statistik (1998) (Hrsg.): Ambulante Suchtberatung 1996. Statistik der ambulanten Behandlung und Betreuung im Alkohol- und Drogenbereich. Neuchâtel: Bundesamt für Statistik.
Buomberger, Peter/Burgstaller, André (1998): Leitlinien einer grundlegenden Reform der schweizerischen Sozialversicherungen. In: Haribi, Najib (1998) (Hrsg.): Sozialpolitik in der Bewährung. Herausforderung an Wirtschaft, Wissenschaft und Politik an der Schwelle zum 21. Jahrhundert. Bern/Stuttgart/Wien: Haupt. S. 167–190.
Cansier, Dieter (1996): Umweltökonomie. Stuttgart: Lucius und Lucius Verlagsgesellschaft (2., neubearb. Aufl.).
Edwards, Griffith (1997) (Hrsg.): Alkoholkonsum und Gemeinwohl. Strategien zur Reduzierung des schädlichen Gebrauchs in der Bevölkerung. Stuttgart: Ferdinand Enke (Original: Alcohol Policy and the Public Good; Oxford 1994).

Eidg. Koordinationskommission für Familienfragen (1997): Auswirkungen von Armut und Erwerbslosigkeit auf Familien. Ein Überblick über die Forschungslage in der Schweiz. Bern: Eidg. Drucksachen und Materialzentrale EDMZ.

ELSEN, Susanne (1998): Gemeinwesenökonomie – eine Antwort auf Arbeitslosigkeit, Armut und soziale Ausgrenzung. Neuwied: Luchterhand.

FAHRENKRUG, Hermann (1993): Alkoholkonsum und Alkoholmissbrauch. In: WEIß, Walter (1993) (Hrsg.): Gesundheit in der Schweiz. Zürich: Seismo. S. 235–249.

FLATH, Klaus (1968): Alkohol- und Tabakschäden als externe Effekte. Analyse der Entstehung und Möglichkeiten der Verhütung. Köln: Inauguraldissertation.

FÜGLISTALER-WASMER, Peter/PEDERGNANA-FEHR, Maurice (1996): Vision einer sozialen Schweiz. Zum Umbau der Sozialpolitik. Bern: Haupt.

FRAGNIÈRE, Jean-Pierre/CHRISTEN, Gioia/KAHIL-WOLFF, Bettina (1993): Wegleitung durch die Institutionen der sozialen Sicherheit in der Schweiz. Bern: Haupt.

FRENZ, Walter (1997): Das Verursacherprinzip im Öffentlichen Recht. Berlin: Duncker & Humblot.

FREY, René L. (1993a): Der Ansatz der Umweltökonomie. In: FREY, René L./STAEHELIN-WITT, Elke/BLÖCHLIGER, Hansjörg (1993) (Hrsg.): Mit Ökonomie zur Ökologie. Analyse und Lösungen des Umweltproblems aus ökonomischer Sicht. Basel/Frankfurt a. Main/Stuttgart: Helbing & Lichtenhahn/Schäffer-Poeschel (2., überarb. und ergänzte Aufl.). S. 4–22.

FREY, René L. (1993b): Strategien und Instrument. In: FREY, René L./STAEHELIN-WITT, Elke/BLÖCHLIGER, Hansjörg (1993) (Hrsg.): Mit Ökonomie zur Ökologie. Analyse und Lösungen des Umweltproblems aus ökonomischer Sicht. Basel/Frankfurt a. Main/Stuttgart: Helbing & Lichtenhahn/Schäffer-Poeschel (2., überarbeitete und ergänzte Auflage). S. 68–110.

GAUTHIER, Jacques-Antoine (1997): Behandlung, Alkohol. In: MÜLLER, Richard/MEYER, Matthias/GMEL, Gerhard (1997) (Hrsg.): Alkohol, Tabak und illegale Drogen in der Schweiz 1994–1996. Lausanne: Schweizerische Fachstelle für Alkohol- und andere Drogenprobleme SFA. S. 90–99.

GMEL, Gerhard (1997): Abhängigkeit. In: MÜLLER, Richard/MEYER, Matthias/GMEL, Gerhard (1997) (Hrsg.): Alkohol, Tabak und illegale Drogen in der Schweiz 1994–1996. Lausanne: Schweizerische Fachstelle für Alkohol- und andere Drogenprobleme SFA. S. 49–57.

HEINRICH, Dieter/HERGT, Manfred (1991): Dtv-Atlas zur Ökologie. Tafeln und Texte. München: Deutscher Taschenbuch Verlag (2. Aufl.).

HILLMANN, Karl-Heinz (1994): Wörterbuch der Soziologie. Stuttgart: Alfred Kröner (4., überarb. und ergänzte Aufl.).

IMMERFALL, Stefan (1999): Globalisierung und Wertewandel – die geborenen Feinde des Wohlfahrtsstaats? In: LAMNEK, Siegfried/LUEDTKE, Jens (1999) (Hrsg.): Der Sozialstaat zwischen «Markt» und «Hedonismus»? Opladen: Leske + Budrich. S. 179–190.

JONAS, Hans (1984): Das Prinzip Verantwortung. Frankfurt a. Main: Insel.

Katalyse e.V. Institut für angewandte Umweltforschung (1993) (Hrsg.): Das Umweltlexikon. Köln: Kiepenheuer & Witsch.

KIESER, Ueli/RIEMER-KAFKA, Gabriela (1998): Tafeln zum schweizerischen Sozialversicherungsrecht Zürich: Schulthess (2. ergänzte Auflage).

KNÖPFEL, Carlo (2000): Bericht über die wirtschaftliche und soziale Entwicklung in der Schweiz 1999. In: Schnyder, Albert (2000) (Hrsg.): Sozialalmanach 2000. Sozialrechte und Chancengleichheit in der Schweiz. Luzern: Caritas-Verlag. S. 13–44.

KNÖPFEL, Carlo/KÜNZLER, Gabriela (2002): Arme sterben früher. Soziale Schicht, Mortalität und Rentenalterspolitik in der Schweiz. Luzern: Caritas-Verlag.

KOLLER, Peter (1994): Gesellschaftsauffassung und soziale Gerechtigkeit. In: FRANKENBERG, Günter (1994) (Hrsg.): Auf der Suche nach der gerechten Gesellschaft. Frankfurt a. Main: Fischer. S. 129–150.

KOSLOWSKI, Peter (1989): Individuale und staatliche Verantwortung in der Sozialen Sicherung. Ein Vorschlag zur Reform der Sozialversicherung. In: LAMPE, Ernst-Joachim (1989) (Hrsg.): Verantwortlichkeit und Recht. Opladen: Westdeutscher Verlag. S. 229–245.

KRAMER, Rolf (1992): Soziale Gerechtigkeit – Inhalt und Grenzen. Berlin: Duncker & Humblot.

LAMNEK, Siegfried/LUEDTKE, Jens (1999): Sozialstaat – Sozialpolitik – Soziale Devianz. In: LAMNEK, Siegfried/LUEDTKE, Jens (1999) (Hrsg.): Der Sozialstaat zwischen «Markt» und «Hedonismus»? Opladen: Leske + Budrich. S. 11–48.

LOCHER, Thomas (1997): Grundriss des Sozialversicherungsrechts. Bern: Stämpfli+Cie AG (2. neu überarb. Aufl.).

MÄDER, Ueli (2000): Subsidiarität und Solidarität. Bern: Peter Lang AG.

MEYER, Matthias (1997): Soziale Kosten. In: MÜLLER, Richard/MEYER, Matthias/GMEL, Gerhard (1997) (Hrsg.): Alkohol, Tabak und illegale Drogen in der Schweiz 1994–1996. Lausanne: Schweizerische Fachstelle für Alkohol- und andere Drogenprobleme SFA. S. 158–163.

MÜLLER, Richard (1997): Politik, Alkohol. In: MÜLLER, Richard/MEYER, Matthias/GMEL, Gerhard (1997) (Hrsg.): Alkohol, Tabak und illegale Drogen in der Schweiz 1994–1996. Lausanne: Schweizerische Fachstelle für Alkohol- und andere Drogenprobleme SFA. S. 183–187.

NULLMEIER, Frank (2000): Politische Theorie des Sozialstaats. Frankfurt a. Main: Campus.

OTT, Konrad (1993): Ökologie und Ethik. Ein Versuch praktischer Philosophie. Tübingen: Attempto.

RECHSTEINER, Rudolf (1998): Sozialstaat am Ende? Zürich: Unionsverlag.

REHBINDER, Eckard (1973): Politische und rechtliche Probleme des Verursacherprinzips. Berlin: Erich Schmidt.

RUH, Hans (1997): Störfall Mensch. Wege aus der ökologischen Krise. Gütersloh: Chr. Kaiser/Gütersloher Verlagshaus (2., durchges. und korr. Aufl.).

Schweizerische Fachstelle für Alkohol- und andere Drogenprobleme SFA (1999): Zahlen und Fakten zu Alkohol und anderen Drogen 1999. Lausanne: Eigenverlag.

SOMMER, H. Jürg/SCHÜTZ, Stefan (1996): Wandel der Lebensformen und soziale Sicherheit. Ergebnisse aus dem Nationalen Forschungsprogramm 29. Bern: Haupt.

SPEHR, Christoph (1996): Die Ökofalle. Nachhaltigkeit und Krise. Wien: Promedia.

STAUB-BERNASCONI, Silvia (1995): Systemtheorie, soziale Probleme und Soziale Arbeit: lokal, national, international oder: vom Ende der Bescheidenheit. Bern/Stuttgart/Wien: Haupt.

STEINER, Peter (1999): Die Umsetzung des Verursacherprinzips durch das Umweltrecht. Eine Darstellung der Vorschriften des Bundes und der Kantone Basel-Stadt und Basel-Landschaft. Zürich: Schulthess Polygraphischer Verlag

STRAHM, Rudolf H. (1992): Wirtschaftsbuch Schweiz. Das moderne Grundwissen über Ökonomie und Ökologie. Aarau/Frankfurt a. Main: Sauerländer (3., neubearb. und aktualisierte Aufl.)

STRAHM, Rudolf H. (1997): Arbeit und Sozialstaat. Analysen und Grafiken zur schweizerischen Wirtschaft im Zeichen der Globalisierung. Zürich: Werd Verlag.

STREMLOW, Jürgen/FLUDER, Robert (1999): Armut und Bedürftigkeit. Herausforderungen für das kommunale Sozialwesen. Bern: Haupt.

TISCHLER, Klaus (1994): Umweltökonomie. München/Wien: Oldenburg.

TSCHUDI, Hans-Peter (1996): Sozialstaat Arbeits- und Sozialversicherungsrecht. Schriften aus den Jahren 1983 bis 1995. Zürich: Schulthess.

USG (1983): Schweizerisches Umweltschutzgesetz vom 7.10.1983, SR 814.01.

VAN DIEREN, Wouter (1995) (Hrsg.): Mit der Natur rechnen. Der neue Club-of-Rome-Bericht: Basel/Boston/Berlin: Birkhäuser (Original: Taking nature into account, New York: 1995).

WALLIMANN, Isidor (2000): «Soziale Arbeit» als Instrument der Politischen Ökonomie und ihrer «Sozialpolitik». In: ELSEN, Susanne/LANGE, Dietrich/WALLIMANN, Isidor (2000) (Hrsg.): Soziale Arbeit und Ökonomie. Neuwied/Kriftel: Luchterhand.

WALLIMANN, Isidor/DOBKOWSKI, Michael N. (2003) (Hrsg.): Das Zeitalter der Knappheit. Ressourcen, Konflikte, Lebenschancen. Bern/Stuttgart/Wien: Haupt.

WEBER, Max (2002): Wirtschaft und Gesellschaft. Grundriss der verstehenden Soziologie. Tübingen: Mohr Siebeck (5. Auflage).

WICKE, Lutz (1991): Umweltökonomie. München: Vahlen (3. überarb, erw. und aktualisierte Aufl.).

WIDMER, Dieter (2001): Die Sozialversicherung in der Schweiz. Zürich: Schulthess (3., ergänzte und verbesserte Auflage).

Quellenverzeichnis

Basler Zeitung vom 24.9.1999.
Basler Zeitung vom 15./16.1.2000.
Basler Zeitung vom 29.8.2000.
Basler Zeitung vom 13.10.2000.
Basler Zeitung vom 26.1.2001.
Basler Zeitung vom 7.2.2001.
Basler Zeitung vom 26./27.5.2001.
Basler Zeitung vom 11.4.2002.
Basler Zeitung vom 20.5.2003.
Basler Zeitung vom 20.6.2003.
Der Bund (Bern) vom 26.1.2001.
Neue Zürcher Zeitung (NZZ) vom 28.3.2000.
Weltwoche vom 15.2.2001.

Anhang

Darstellung 20
Tabellarische Gesamtübersicht zum umwelt- und sozialpolitischen Verursacherprinzip

	Aspekte des umweltpolitischen Verursacherprinzips	Aspekte des sozialpolitischen Verursacherprinzips
Grundlegende Aspekte		
Betrachtungs-gegenstand	Umwelt/Biosphäre – Natürliche Ressourcen – Ökosysteme	«Sozialer Organismus» – Mindeststandards sozialer, psychischer und physischer Gesundheit und Integrität – Faktoren des menschlichen Wohlergehens/ Ressourcen, die Menschen für ihr Wohlergehen benötigen – Individuelles, gesellschaftliches und kulturelles Kapital

© Piñeiro/Wallimann

Fortsetzung ▶

Darstellung 20
Fortsetzung

Einwirkungen	Gefahr – Einwirkungen der Natur auf sich selbst; «Produkte des Zufalls», höhere Gewalt	Gefahr – Ursachen sozialer Probleme wurden nicht durch menschliches Handeln beeinflusst bzw. gesteuert/außergesellschaftliche Mächte und Einflüsse im Sinne höherer Gewalt
	Risiko – Umweltschäden aufgrund von Einwirkungen von Menschen auf die Natur	Risiko – Entstehung einer sozialen Problematik aufgrund der Einwirkungen von Menschen/Organisationen (Selbst- oder Fremdschädigung)

Negative Externalitäten

Negative externe Effekte/Probleme	Umweltbeeinträchtigungen (Schäden/Verschmutzung)	Soziale (Folge-)Probleme aus sozial unverträglichen Aktivitäten
Sozialkosten	Kosten der Maßnahmen des Umweltschutzes und der verursachten Umweltschäden, die bei Dritten bzw. der Allgemeinheit anfallen	Folgekosten sozialer Probleme, die bei Dritten bzw. der Allgemeinheit anfallen: Kosten sozialstaatlicher Maßnahmen/(Dienst-)Leistungen
Zusammenhänge Sozialkosten und negative Externalitäten: ökonomische Dimension	Umweltschäden entstehen u.a. aufgrund eines Ausgleichsproblems zwischen einzelwirtschaftlichen und volkswirtschaftlichen Kosten (Schadensverursachung kostet zu wenig oder nichts = Frage einer gerechten Lastenverteilung zwischen Verursachern und Allgemeinheit)	Soziale Probleme entstehen u.a. aufgrund eines Ausgleichsproblems zwischen einzelwirtschaftlichen und volkswirtschaftlichen Kosten (soziale Probleme verursachen kostet nichts bzw. zu wenig = Frage einer gerechten Lastenverteilung zwischen Verursachern und Allgemeinheit)

© Piñeiro/Wallimann

Darstellung 20
Fortsetzung

(Sozial-)ethische Dimension	Frage einer größtmöglichen Vorsorge/Prävention durch die Verursacher hinsichtlich Umweltprobleme	Frage einer größtmöglichen Vorsorge/Prävention durch die Verursacher hinsichtlich sozialer Probleme
Politische Zielrichtungen	– Erreichen eines «Umweltoptimums» – Ökologische Nachhaltigkeit	– Erreichen eines Optimums sozialer Gerechtigkeit (Verteilungsgerechtigkeit) – Soziale Nachhaltigkeit (Sozialverträglichkeit)

Aspekte des Verursacherprinzips

Verursacherprinzip	uVP Anlastung der Umweltkosten an Verursacher = Sozialkosten (Umweltkosten) werden zu einzelwirtschaftlichen Kosten	soVP Anlastung der Sozialkosten an Verursacher = Sozialkosten (Kosten der sozialen Sicherheit und Handhabung sozialer Probleme) werden zu einzelwirtschaftlichen Kosten
Gemeinlastprinzip	Umweltpolitisches Gemeinlastprinzip Umweltkosten werden von unbeteiligten Dritten/Allgemeinheit getragen = Sozialkosten (Umweltkosten) werden zu gesamtwirtschaftlichen Kosten (Gemeinlastprinzip GLP)	Sozialpolitisches Gemeinlastprinzip Folgekosten sozialer Probleme werden von unbeteiligten Dritten/Allgemeinheit getragen = Sozialkosten (Kosten der sozialen Sicherheit und Handhabung sozialer Probleme) werden zu gesamtwirtschaftlichen Kosten (GLP)
Verantwortung (Spannungsfeld)	Gesellschaftliche Verantwortung (GLP) versus Eigenverantwortung (VP)	Gesellschaftliche Verantwortung (GLP) versus Eigenverantwortung (VP)

© Piñeiro/Wallimann

Fortsetzung ➤

Darstellung 20
Fortsetzung

Schadensqualität/ Problemlage	– Tatsächlicher Schaden – Potenzieller Schaden – (Umwelt-)Risiko – Unklarer Schachverhalt (Black Box) – (Umwelt-)Gefahr	– Tatsächlicher Schaden – Potenzieller Schaden – (Soziales) Risiko – Unklarer Sachverhalt (Black Box) – (Soziale) Gefahr
Verursacher	Alle Parteien, die in einer Verursacherkette involviert sind	
	– Einzelne Verursacher (Person, Organisation) – Verursachergemeinschaft	– Finzelne Verursacher (Person, Organisation) – Verursachergemeinschaft – Politische Exekutive
Kausalität (zwischen Verursacher und Problemen bzw. Kosten)	Durch Wertung gewonnene Kausalität	Durch Wertung gewonnene Kausalität
Funktionen/Zielrichtungen des Verursacherprinzips	Ausgleichsfunktion Wiederherstellung der sozialökonomischen Geschlossenheit des Marktmechanismus (Lastenausgleich zwischen Verursachern und Allgemeinheit) = Ausgleich zwischen einzelwirtschaftlichen und gesamtwirtschaftlichen Kosten = Erreichung eines sozialökonomischen bzw. gesamtwirtschaftlichen Optimums = Erreichen ökologischer Nachhaltigkeit	Ausgleichsfunktion Wiederherstellung der sozialökonomischen Geschlossenheit des Marktmechanismus (Lastenausgleich zwischen Verursachern und Allgemeinheit) = Ausgleich zwischen einzelwirtschaftlichen und gesamtwirtschaftlichen Kosten = Erreichung eines sozialökonomischen bzw. gesamtwirtschaftlichen Optimums = Erreichen sozialer Gerechtigkeit = Erreichen sozialer Nachhaltigkeit

Fortsetzung ➤

Darstellung 20
Fortsetzung

		Anreizfunktion Anreize zur Vermeidung bzw. Verminderung von Umweltproblemen geben = Anreiz durch Bestimmung eines Preises für Umweltgüter = Erreichen eines Optimums Umweltverträglichkeit und ökologischer Nachhaltigkeit = Erreichen ökologischer Nachhaltigkeit	Anreizfunktion Anreize zur Vermeidung bzw. Verminderung von sozialen Problemen geben = Anreiz durch Bestimmung eines Preises für Sozialgüter und für individuelles und gesellschaftliches Kapital = Erreichen eines Optimums an menschlichem Wohlergehen, individuell und kollektiv (Sozialverträglichkeit) = Erreichen sozialer Nachhaltigkeit
	Zumessung der Verantwortung	Verursacher/Verursachergemeinschaft Zumessung der Verantwortung als Grund oder als Folge der Verursachereigenschaft	Verursacher/Verursachergemeinschaft Zumessung der Verantwortung als Grund oder als Folge der Verursachereigenschaft = Differenzierung der aktuellen Allgemeinverantwortlichkeit der sozialen Sicherung und somit stärkere Gewichtung der Eigenverantwortlichkeit/Inverantwortungnahme von einzelnen Verursachern sozialer Probleme

© Piñeiro/Wallimann

Fortsetzung ➤

Darstellung 20
Fortsetzung

Varianten des Verursacherprinzips (Anwendungsformen)	Kostenzurechnung – Anlastung der Vermeidungskosten – Anlastung der Vermeidungskosten und der sozialen Zusatzkosten – Verursachung von Umweltproblemen gegen Entgelt: Nutzung der Umwelt als knappes öffentliches Gut, entsprechend einem politisch festgesetzten Knappheitspreis für «Umweltgüter» – Bezahlung eines Marktwertes für Umweltgüter/ Privatisierung von Umweltgütern	Kostenzurechnung – Anlastung der Vermeidungs- bzw. Präventionskosten – Anlastung der Vermeidungskosten und der sozialen Zusatzkosten – Soziale Problemverursachung gegen Entgelt – Bezahlung eines Marktwertes für «Rohstoffe menschlichen Wohlergehens» und für individuelles/gesellschaftliches Kapital
	Zurechnung inhaltlich-konkreter Aufgaben – Verminderung von Umweltproblemen durch Verursacher – Vermeidung von Umweltproblemen durch Verursacher – Nachträgliche Beseitigung von Umweltproblemen durch Verursacher	Zurechnung inhaltlich-konkreter Aufgaben – Verminderung sozialer Probleme durch Verursacher – Vermeidung sozialer Probleme durch Verursacher – Nachträgliche Beseitigung sozialer Probleme durch Verursacher

© Piñeiro/Wallimann

Fortsetzung ➤

Darstellung 20
Fortsetzung

Anwendung des Verursacherprinzips	Umweltpolitische Maßnahmen – Vorsorgender Umweltschutz – Nachsorgender Umweltschutz	Sozialpolitische Maßnahmen – Vorsorgende Maßnahmen hinsichtlich sozialer Probleme im Bereich Prävention/Gesundheitsförderung – Nachsorgende professionelle, soziale Problembearbeitung (Strategien/Methoden der Sozialen Arbeit, Sozialversicherungen u. a.)
	Umweltpolitische Strategien – Freiwilligor Umweltschutz – Technisch-planerischer Umweltschutz – Polizeirechtlicher Umweltschutz – Marktwirtschaftlicher Umweltschutz	Sozialpolitische Strategien – Freiwillige Strategien – Aktuelle Strategien des Sozial- und Gesundheitsbereichs – Polizeirechtliche Strategien – Marktwirtschaftlich orientierte Strategien
	Anwendungsbereiche – Bei bereits bestehenden umweltpolitischen Maßnahmen – Entwickeln neuer VP-Instrumente	Anwendungsbereiche – Im Bereich der bestehenden Sozialpolitik (Sozialversicherungen, Sozialhilfe, Prävention/Gesundheitsförderung) – Entwickeln neuer VP-Instrumente

© Piñeiro/Wallimann

Isidor Wallimann / Michael N. Dobkowski (Hrsg.)

Das Zeitalter der Knappheit

Ressourcen, Konflikte, Lebenschancen

2003. 254 Seiten, kartoniert
€ 19.50 / CHF 34.–
ISBN 3-258-06594-2

Eins ist sicher: Das Projekt Weltindustriegesellschaft kann nicht wie bisher weitergeführt werden, es sei denn für eine kleine Zahl von Privilegierten. Zu viele Engpässe bei natürlichen Ressourcen wie Natur, Brennstoffen und Wasser bedrohen das Leben von Millionen. Konflikte würden entstehen, die noch mehr Verwüstung und Tod brächten. Aber auch die Alternative, sich von der heutigen Industriegesellschaft abzuwenden, birgt das Risiko von Unheil. Überleben auf dem Weg zu weniger und einer anderen Industriegesellschaft will gelernt sein, besonders dann, wenn dabei die Bevölkerung noch schnell wächst. Zu solchen und andern Themen finden sich hier Analysen und Antworten aus der Perspektive von Sozialwissenschaftlern, Ökonomen und Philosophen. Die kurzen Beiträge eignen sich für Diskussionsgruppen, Seminare und einschlägige Veranstaltungen oder als journalistische und politische Hintergrundinformation.

«Als wichtiger Beitrag der gegenwärtigen Debatten um Umwelt, Ökonomie und Globalisierung für öffentliche Bibliotheken breit empfohlen.»
ekz.bibliotheksseverice, August 2003

: Haupt **Haupt Verlag** Bern · Stuttgart · Wien
verlag@haupt.ch · www.haupt.ch

Hauptsache: Gesellschaft

Matthias Drilling

Schulsozialarbeit

Antworten auf veränderte Lebenswelten

3. aktualisierte Auflage 2004.
152 Seiten, 18 Tabellen, 6 Abbildungen, kartoniert
€ 22.50/CHF 34.–
ISBN 3-258-06794-5

Die Schule hat es mit einer zunehmenden Zahl von Kindern und Jugendlichen zu tun, die sich durch Schulverdrossenheit und Schulversagen auszeichnen. Die Jugendhilfe ihrerseits entwickelt Konzepte, um mit Kindern und Jugendlichen in Kontakt zu treten, bevor sie von der Schule an die behördlichen Stellen verwiesen werden. Damit wird eine enge Kooperation zwischen Schule und Jugendhilfe immer dringlicher. Konzepte der Schulsozialarbeit sind in der Schweiz noch jung, der Informationsbedarf groß. Das Buch fasst Erfahrungen auch aus anderen Ländern zusammen, diskutiert methodische Herangehensweisen und konkretisiert einzelne Handlungsfelder der Schulsozialarbeit.

«Der Autor weiß, wovon er spricht. Der Versuch, Projekte der Schulsozialarbeit historisch und regionalspezifisch (z.B. West- und Ostdeutschland, Schweiz) systematisch zu erfassen, zu vergleichen und für die Theorie und Weiterentwicklung von Schulsozialarbeit auszuwerten, ist ein besonderes Verdienst von Drilling. Er leistet damit einen wichtigen und dringend erforderlichen Beitrag zur fachlichen Diskussion und Theoriebildung für dieses bisher theoretisch eher vernachlässigte Handlungsfeld der Jugendhilfe. Drilling holt mit diesem Buch die Schulsozialarbeit aus der ihr nachgesagten Beliebigkeit und Unübersichtlichkeit heraus und leistet einen wertvollen Beitrag zur Theoriebildung.» *socialnet, 08.08.02*

: Haupt Haupt Verlag Bern · Stuttgart · Wien
verlag@haupt.ch · www.haupt.ch

Hauptsache: Gesellschaft

Jonas Strom / Matthias Szadrowsky /
Isidor Wallimann

Weg von der Armut

durch soziokulturelle Integration
bei Sozialhilfeabhängigkeit, Alter
und Behinderung

2002. 172 Seiten, 9 Abbildungen, kartoniert
€ 24.– / CHF 36.–
ISBN 3-258-06350-8

«Der Mensch lebt nicht vom Brot allein», er ist ein soziales, ein kulturelles Wesen. Deshalb auch lässt sich «Armut» nicht auf die materielle Dimension reduzieren. Ein Mensch, der einsam leben muss, der ausgegrenzt wird, verarmt soziokulturell. Es muss dann seine Existenz, auch wenn es am Materiellen nicht fehlt, zunächst soziokulturell gesichert werden. Ein Mensch muss an der Gesellschaft teilhaben können – durch Bildung, Kultur, durch den Einbezug in zivilgesellschaftliche Organisationen, Familie und Politik. Ist dies erreicht, so ergeben sich für ihn mehr Möglichkeiten, diese Existenz auch materiell zu sichern – er wird weniger schnell in finanzielle Abhängigkeit geraten und weniger lang abhängig bleiben. Das wiederum bedeutet für die Gesellschaft finanzielle Erleichterung; es sichert außerdem die Menschenrechte und fördert die persönliche Entfaltung. Was die Bemessung und Bekämpfung materieller Armut angeht, so hält die Forschung bereits viele Antworten bereit. Thema dieser Studie ist nun die Frage, wie auch die soziokulturelle Armut besser verstanden, erfasst und bekämpft werden kann.

«Interessant sind die Ausführungen, weil sie die praktische Rechtsentwicklung der neunziger Jahre aufzeigen, und ein vernetzter Integrationsansatz, der zum Denken anregt.» *Schweizer Arbeitgeber*

: Haupt **Haupt Verlag** Bern · Stuttgart · Wien
verlag@haupt.ch · www.haupt.ch

Hauptsache: Gesellschaft

Mario von Cranach / Hans-Dieter Schneider / Eberhard Ulich / Ruedi Winkler (Hrsg)

Ältere Menschen im Unternehmen

Chancen, Risiken, Modelle

230 Seiten, mehrere Tabellen und Grafiken, kartoniert,
€ 38.50/CHF 58.–
ISBN 3-258-06615-9

In den jüngsten Debatten um eine langfristige Sicherung unserer Rentensysteme geht es vor allem um eine Erhöhung des Rentenalters. Aber was bedeutet das, wenn ältere Menschen auf dem Arbeitsmarkt gar keine Beschäftigungschancen haben? Wenn viele Unternehmen unbesehen auf die Karte Jugend setzen und das besondere Potenzial älterer Mitarbeitender vernachlässigen? Umdenken tut Not – und gefordert sind da nicht zuletzt die Unternehmen und ihre Personalverantwortlichen.

Wo und in welchen Funktionen also sollen und können ältere Menschen arbeiten? Was sind ihre Stärken und Schwächen? Welche Umstände müssen Unternehmen berücksichtigen, wenn sie ältere Menschen beschäftigen? Wie sieht ein günstiger Generationenmix in einem Betrieb aus? Wie steht es um die rechtliche Situation von älteren Mitarbeitenden? Welche Modelle erlauben einen sanften Übergang ins Rentnerdasein, anstelle der heutige üblichen «Altersguillotine»?

Namhafte Fachleute aus Forschung und Praxis haben für diesen Band Fakten und Erkenntnisse zusammengetragen und leiten daraus Empfehlungen und Ratschläge für die Unternehmenspraxis ab.

Beiträge von Susanne Blank, Mario von Cranach, Martin Flügel, Kurt Gfeller, Gudela Grote, Peter Hablützel, Winfried Hacker, Juhani E. Ilmarinen, René A. Lichtsteiner, Erwin Murer, Gerhard Naegele, Rolf Lindenmann, Margrit Reck Roulet, Peter Richter, Hans-Dieter Schneider, Hans Rudolf Schuppisser, Norbert Semmer, Hans-Ulrich Stooss, Eberhard Ulich und Ruedi Winkler

«Der Sammelband bietet eine gedanklich breit und empirisch abgestützte Einführung in die Thematik, generell eine disziplinenübergreifende Aufarbeitung, ist gut strukturiert und dank dem Einsatz von Grafiken leicht fassbar. Dass die Aufsätze zudem in einer verständlichen Sprache verfasst sind, erhöht den Nutzen für die Praxis erheblich.» *NZZ*

: Haupt Haupt Verlag Bern · Stuttgart · Wien
verlag@haupt.ch · www.haupt.ch